高山なおみ

ウズベキスタン日記
――空想料理の故郷へ

絵・川原真由美

新潮社

犬が歩いて行く遠くの包。包のそばに、うぐいす色の長衣、頭に白布をまいた人が佇って、こちらを見ている様子だったが、その人は、やがてこの包をめざして、ゆっくりゆっくりと歩きはじめた。少しずつ姿が大きくなってくる。うぐいす色の長衣が光って、ふうわりと風を孕んではなびく。

武田百合子『犬が星見た』より

N
ウズベキスタン
キジルクム
砂漠
カザフスタン
キルギス
ヒヴァ
タシケント
アイダルクル湖
ヌラタ
トルクメニスタン
サマルカンド
ブハラ
タジキスタン
ダルバン村
ボイスン
0 50 100 km
アフガニスタン

目次

憧れのウズベキスタンは、砂漠の中にこつ然と現れたようなところだった。朝夕はいくらか涼しくなるものの、日中は40度を越えることもしばしば。空はいつでも真っ青で、太陽が落とす影は墨汁みたいに真っ黒。女たちの柄物のワンピースも、レンガや泥でできた建物も、コバルトブルーの空にくっきりと映えていた。

絵描きの友人川原真由美さんと私は、油っこい料理や果ものの食べ過ぎでお腹をこわしながらも、毎日とても元気だった。無理をせず、気ままに旅を続けられたのは、おおらかで心優しい土地の人たちに助けられたからだ。

前回、川原さんとロシアを旅したのは、おととしの6月。鳥取の境港から船でウラジオストクに渡り、ハバロフスク、ウラン・ウデ、イルクーツクまでシベリア鉄道を乗り継いだ。今年（２０１３年）、続きの旅をウズベキスタンに決めたのは、武田百合子さんの『犬が星見た』の中でもとりわけ色濃い描写に焦がれ、繰り返し読んでいたところだったから。

出発前に文庫本のコピーを切り貼りして、旅のノートを作った。旅の間中、日記帳やカメラといっしょに肩掛けカバンに入れ、いつも持ち歩こうと思って。百合子さんのウズベキスタンは、まだソ連時代だった昭和44年6月15日の日記からはじまる。タシケント、サマルカンド、ブハラ、ブハラ西郊55キロの砂漠……読み返しては切り抜き、百合子さんの言葉を体に染み込ませるようにしてノートに貼っていった。もう44年も前のことなのだから、同じ景色は見られないだろうし、ホテルや公園だって残っているとは限らないのだけれど。旅のお守りのそのノートの表紙には、「『犬が星見た』帖」とした。

装丁　葛西　薫
絵　川原真由美

ウズベキスタン日記　空想料理の故郷へ

1　タシケントへ

6月3日（月）東京は晴れ、ちょっと肌寒い

4時半に目が覚めた。それからは眠れない。カーテンの外が明るくなりはじめているようなので、もう起きてしまう。

9時15分にタクシーがきて、川原さんを迎えにゆく。

高速道路を走りながら、都心のビル群が新品のプラモデルみたいに見えた。あの中に人がいるようにはとても思えない。

11時、成田空港着。気温は19度。ウズベキスタンはどれほどの暑さだろう。『犬が星見た』では50度という日があったけど。

今回、私は百合子さんに倣《なら》って、子どもたちにあげるためのお土産をこまごまと用意してきた。小さな折り紙（鶴を折ろうと思って）、ケーキやドーナツの形の色とりどりの消しゴム、チューブに入った接着剤みたいなものを、ストローの先につけて膨らませる風船（私が子どものころに駄菓

子屋で売っていた)。あとはフルーツのグミやミントタブレット。「チェルシー」のヨーグルト味は、ウズベキスタンの人たちが好きそうだなと思って買った。

空港の売店では匂い袋(手提げ鞄にぶら下げていたのを、百合子さんはホテルの鍵番のおばさんにあげた)と、千代紙が貼られた容れ物の金平糖。桜の模様の扇子は、移動の車やホテルの冷房が効いてないときのためだけど、お世話になった人にプレゼントするといいかもしれないと思って選んだ。

飛行機は定刻通り午後1時半に飛び立った。

2時ごろに昼食。

すき焼き風の煮物(牛肉、焼き豆腐、いんげん、にんじん)、いり卵のせご飯、茶そば、パン、バター、デザート(ココア生地のスポンジにババロアがのっている)。

歯磨き粉のチューブを小さくしたようなのにはコチュジャンが入っていた。韓国の乗客たちがすき焼きに絞って食べているのを見て、私も真似をする。

一気にプルコギの味になった。おいしい。

食べながら、ウズベキスタンの通貨について川原さんとおさらいをしておく。日本に比べるとかなり物価が安いらしいので、私たちは1ドル札や5ドル札を多めに用意してきた。

私「1000スムが50円ということは、2000スムは100円だから、1ドルはだいたい2000スムってことか」

川原「そうか。高山さんて、物事をカンタンにするの上手だね」

私「ごたごたと頭で考えるのが苦手だからかな」

私の窓には、日本のどこかの半島の先が雲の隙間から見える。あとは海。大きく大きく、どこまでも広がる海ばかり。

『犬が星見た』を開き、「黄土の曠野にトルコ玉色の湖が、嵌めこまれたように浮んでいる」バルハシ湖が、眼下にあることを想像しながら読んだ。

自分の左肩に天空の窓を背負《しょ》いながら読むと、東京の畳の部屋で読んでいたのとはものすごく違うふうに入ってくる。天山山脈のところでも、窓から見えているつもりになって読む。

もしかすると、私たちの航路からは天山山脈は見えないかもしれないので、ソウルのインチョン空港に着くまでの間中、ビールをちびちび飲みながら、同じところを繰り返しかみしめながら読んだ。

4時にインチョン空港着。乗り継ぎの手続きをすませる。待ち合い場には韓国人らしき顔、モンゴル系の顔、イタリアとアジアが混ざったような顔、いろいろな顔立ちの人が思い思いの格好で時間がくるのを待っている。

川「ウズベク顔の男の人って、遠くから見ると、彫りが深すぎてどこを見てるのか分からないよね」

私「ほんとだ」

隣に座っている女の人もウズベク人だろうか。眉毛を一文字につなげ、黒く細く描いている。

午後5時20分、インチョン空港発。

ロシア語の機内放送が流れたら、懐かしさがこみ上げた。みっしりと詰まった厚みのある発音。硬くて重い鉛のよう。

あっという間に雲しかないところを飛んでいる。雲は、大雪原のごとく真っ平らに敷き詰められ、空は宇宙に近づくにつれ青が濃くなる。あまりに広く、どこまでも同じ景色なので、私たちの飛行機は前に進んでいないように思えてくる。

目をこらすと、遥か向こうの水色に白く長いスジが見える。しらすみたいな小魚の尻尾から、ゆっくりと、どこまでもどこまでも伸びてゆく。空の上にも飛行機雲ってあるのだな。

機内には、数は少ないけれど日本人も乗っているらしい。後ろの席から声がした。

「旧ソ連の人たちは、席番と違うところでも、空いていればどんどん好きなところに座ってしまうんですよ」

そういえば前の席のウズベク人のおばさんは、もともと座っていた若い男を前の方に追いやって、自分の娘を隣に座らせた。

川原さんはその一部始終を見ていたらしく、「しかも、男の人はシートを倒して眠りかけていたところだったのに、どこからか娘を呼び出して、無理矢理そこに座らせたんだよ。『なんかモンクがあるなら言いなさいよ！』って感じの勢いだった」。

おばさんはどっしりとした首に金の鎖を巻きつけ、赤茶けた髪を馬の尻尾のようにくくっている。ピンクと水色と豹柄が混ざったブラウス。大きく開いた胸元からは、濃いピンクのタンクトップがのぞいている。口を開けるたび金歯が光るおばさんは、女戦士アマゾネスのように逞しい。「女子プロレスラーにも似ている人がいるよね」とこっそり伝えると、しばらく考えていた川原さんが、「ジャガー横田だ！」と目を輝かせた。

あちこちから聞こえてくるウズベク語は、イントネーションが土っぽく、どこかしら東北の方言に似ているような気がする。

私は白ワイン、川原さんは赤ワイン。おつまみのナッツを齧りながら、ふたりで読書。何度もあと戻りしながら、私は『犬が星見た』の同じところを読んでいる。ノボシビリスクの空港宿舎でのこと、アルマ・アタ（現在のアルマトイ）に行きたがっていた泰淳さんが先に寝てしまい、百合子さんが竹内（好）さんに向かって「カワイソウ」と発音したら、急に涙が浮かんでこぼれたところだ。川「泰淳さんもアルマ・アタに行けなかったけど、高山さんも行けなくなって、けっきょく、ふたりともが同じようになったっていうのが面白いよね」

私もちょうど、同じことを考えていた。

もとはといえば私たちは、前回の旅の終着地イルクーツクに戻ってから、百合子さんたちと同じ航路でタシケント（ウズベキスタンの首都）に向かおうとしていた。

イルクーツクからノボシビリスクへ、さらに乗り継いでアルマ・アタへ。窓から見下ろすバルハシ湖にも、天山山脈にもたまらなく惹かれていたし、アルマ・アタの空港に降りたら、トイレにも入ってみたかった。

トイレの建物はもう新しくなっているだろうけど、飛行場の柵に立って、そこからの景色をぜひ見たい。せっかくなら、アルマ・アタでも何泊かしてみたい。ロシアを味わいながら、少しずつ中央アジアのウズベキスタンに移動できるのも魅力だった。

けっきょく、このルートでは時間も費用もかかりすぎるのでやめになったのだけど、それでよかったような気がする。泰淳さんがあんなに行きたがっていたところに、私たちがやすやすと行ってしまっては申しわけないもの。

窓の景色を眺めながら、私たちは、仕事やら何やらつまらない物事を遥か遠くに追いやり、2年前の旅の終わりと同じ日に戻ろうとしているのだという思いが込み上げた。イルクーツクでなくっても、心はふり出し地点に向かっている。飛行機はタイムマシンのように、時空を越えて飛ぶこともできるんだ。

6時半に夕食。川原さんは高度の高いところで肉や魚を食べるとお腹が張るそうで、ベジタリアン用の機内食。大きめに切ったなすや白うり、にんじんが入った、うそのない黄色い色をした野菜のカレーだ。味見をさせてもらうと、子どものころによく食べた「オリエンタルカレー」に似た懐かしい味がした。片栗粉でとろみをつけてあるみたい。これがウズベキスタンの味だろうか。

私のはチキンのガーリック炒め。パプリカ、ピーマン、玉ねぎと炒めてある。にんにくが効いて、韓国風なのかウズベク風なのか分からないような味。

7時半、眼下には灰色の荒れ地が広がっている。皺の寄り具合が黒豚の皮膚のよう。険しい山々の麓のところどころに、茶褐色の畑が見える。白い棒のようなのは風力発電の風車だろうか。こんなに荒々しいところにも人々は家を建て、畑を耕して暮らしているのだな。

しばらくするとまた、何もかもが雲で隠れてしまう。

トイレでのこと。順番を待っていたウズベク女（ロシア人の血が混ざっているみたい）は、私が後ろに並んだら「チッ」と舌打ちした。ようやく番がまわってきて中に入っても、ドンカンドンカンと、どうしたらあんなふうになるのだろうというような大きな音がする。体が大きいからあちこちにぶつかってしまうのか。

ずいぶんたって、歯ブラシを手に苦みばしった顔で出てきた。私とは目を合わせない。日本人の女は控えめで遠慮がちなのがよしとされているけれど、もしかするとウズベキスタンでは男女が逆なのかも。しおらしくしていたらぶっとばされそうだ。

トイレから戻ると電気が消え、みな寝支度をはじめた。ブランケットを巻きつけて目をつぶり、足を伸ばしたり、くの字にしたりして私もしばらくうとうとする。

何時間たったろう、ふと前方の席の男が窓を開けているのが見えた。私もこっそり開けてみる。そこには、雪をいただいた黒っぽい山々が、遥か遠く、空との境までぎっしりと連なっていた。

「出た！　天山山脈」

眠っている川原さんを起こす。

前のアマゾネスおばさんの邪魔にならないよう、枕で窓を半分おおって、隙間から順番に眺める。おでこをガラスにくっつけて。

あたりは夜明けのような青白い空気。ゆく手がほんのりオレンジ色なのは、これから朝を迎えようとしているんだっけ……時計を見ると現地時間は夜の7時半なのだから、暮れようとしているのか。

しばらくすると、また雲海だらけになった。

電気がついて、サンドイッチ（きゅうりとクリームチーズらしきものが挟まっている）とオレンジジュースが配られる。朝ごはんなのか夜食なのか、何だか分からぬ。お腹が空いていないので、私はリュックにしまった。ゼリーカップに入った水は水筒に移し入れる。斜め前のウズベク人のおばさんは、サンドイッチのきゅうりだけつまみ出して食べていた。そういえばきゅうりとトマトは貴重品だと、『犬が星見た』に書いてあったような気がする。

時計を4時間戻す。今は夜の8時15分。

8時半、タシケントの夜景が見えてきた。群青色の空に、オレンジと白い光が瞬いている。ところどころに赤いのも見えるけど、東京の夜景みたいに色とりどりではないし、数もうんと控えめ。「品のいい光だね」と、川原さん。

9時前、タシケント空港着。

荷物受け取りのベルトコンベアーがなかなか動かない。40分ほど待ってようやく動いたかと思ったら、テープでぐるぐる巻きにされた電化製品や、日用品の大荷物ばかりが流れてくる。そのたびにウズベク男たちが引きずり下ろす。私たちのスーツケースは、ずいぶんあとで出てきた。

税関を抜けると、タクシーの呼び込みのおじさんばかり。女の通訳さんが迎えにきているはずだけど、女の人さえ見当たらない。私はスーツケースを引きずって、うろうろと探しまわる。

出口のところで川原さんと話している女の人がいる。あの人が通訳さんだ。

名前はサリナさん。私たちと同じくらいの背格好で、肌が浅黒く、インド女のように彫りが深い。色あせた赤いブラウス（花の刺繍がしてある）にスカートの、控えめな感じのするきれいな人だ。素足にビーチサンダルをはいている。飛行機の中で会ったウズベク女はみな体格がよかったけれど、こういう人もいるのだな。

空港から一歩外に出ると、濃い緑の匂いがした。緑の葉というより、木を切ったときのような匂い。

広場の向こうには柵がめぐらされ、暗闇に人垣ができている。チケットを持っていない人は空港内に入ってはいけないそうで、サリナさんはずっと柵の向こうで待っていたそう。中で私たちが動いているのが見えたので、警官に頼んで入ってきたという。

迎えの車に乗って、ホテルへ。

タシケントの街は人通りが少なく、電気が煌々としていない。さっき、飛行機の窓から見えた印象のままの街並。ぽつんぽつんと立っているオレンジ色の街灯に、象牙色や茶色の大理石でできたいかにも頑丈そうな四角い建物が浮かび上がっている。

サ「夜のタシケントは、ウズベキスタンの中でもいちばん明るいです。ほかの街は、夜になると、もっと真っ暗になりますから」

サリナさんは「ホテルまで20分ほどかかります」と言っていたけれど、10分もかからずに着いてしまった。

10時半、とても立派な近代的なホテルに到着。

サリナさんがチェックインの手続きをしている間、私と川原さんはロビーで休む。ソファーの足下に、サリナさんの手提げ鞄がちょこんと置いてある。赤いパイピングがピンクの地布ににじんで、相当使い込まれている様子。中はパンパン。口が開かないよう紐でくくってある。何が入っているんだろう。

私たちの部屋は1301号室。ガイドブックにはドルが使えるとあったけれど、それは町の土産物屋だけで、ホテルの売店でさえウズベキスタン通貨しか使えないことが分かった。荷物を置くとすぐ、サリナさんに両替をしてもらう。さっきの鞄の中から、輪ゴムで束ねたウズベキスタンの分厚い札束が出てきた。まだまだ入っているみたい。

とても広い部屋。私はベッドメイキングされた掛け布が苦手なので、きっちり巻き込まれているのをひっぱり出すと、布の裾に穴があいていた。使い込まれ、何度も何度も洗濯されたような肌触り。この国の人たちは、物を大切に使い続ける民族なのかも。

バスタブの栓が見当たらないので、順番にシャワーを浴びる。

11時過ぎ、スーツケースの荷物整理をしていたら、ぐらりと目眩《めまい》がした。目覚まし時計は日本時間のままなので、今は夜中の3時を過ぎたところ。どうりで眠たいはずだ。

ベッドに入ってから、パスポートをサリナさんに預けたままだったことに気づく。何があってもすぐ返してもらうようガイドブックに書いてあったのに、すっかり忘れてしまった。だいじょうぶだろうか。

6月4日（火）快晴

うらうらと寝たり覚めたり。4時15分に目覚ましで起きた。カーテンの外はまだ暗く、オレンジ色のかすかな光が見える。

シャワーを浴びて目を覚ます。ほとんど眠れなかったけど、私の体はけっこうシャッキリしているみたい。

5時、明るくなってきた。ツバメのような黒い鳥の群れが、「チェーチェー」と甲高い声で鳴きながら、ぐるぐると空を旋回している。飛んでいる姿がコウモリのようにも見える。

窓から見える広場は、ずいぶんこぢんまりしている。中央の丸いところに馬に乗った男の像があり、そこから放射状に芝生が広がっている。黄色いのはマリーゴールドだろうか、赤や黄色の花が星形の花壇にぎっしりと植わっている。銅像の脇をとり囲むように、4ヶ所ほど小さな噴水が見える。

百合子さんたちが泊まった「タシケントホテル」は、中央広場の向かいにあった。地図では同名の広場がみつけられなかったので、公園らしきところに面したこのホテルを、かすかな期待を胸に私は予約した。名前は違うけど、もしかするとタシケントホテルの跡地に建てられたかもしれないと思って。

『犬が星見た』帖」を開いてみる。「虹色に明滅する電気仕掛に囲まれて高く揚っている広場中央の大噴水」とあるから、やっぱりここではないのかも。

窓際に椅子を寄せ、飛行機でもらったサンドイッチを食べる。丸みのあるパンは黄緑色でほの甘く、きゅうりの薄切りとクリームチーズ（白身魚をほぐして混ぜてある）が挟まっている。玉ねぎの辛みがきいてとてもおいしい。

パスポートはフロントに預けてあった。サリナさんによると、「ウズベキスタンの場合は、通常、チェックアウトまでホテルに預けておくことが多いです」。その方が安全だからだそう。

5時半にホテルを出る。外はちょうどいい涼しさ。ゆうべと同じ若い運転手の車で空港へと向かう。

車が少ないのは朝早いからだそうだけど、街路樹がとても豊かで、ゴミがひとつも落ちてない。道幅が広く建物も立て込んでいないから、空が大きく見える。

サ「ウズベキスタンは緑がとても多い国です。国旗の緑色は、緑の植物が多いという意味があります」

国内線の空港は、市街地からちょっとはずれたところにあった。車から降りると、牛フンの匂いがした。芝生にシロツメ草が混じっている。ウズベキスタンにもクローバーがあるのだな。

入り口で、パスポートチェックと荷物検査。

私はうっかりし、文房具入れからハサミを抜き出さずにエックス線を通してしまった。

私のハサミを手に持ったまま、厳めしい顔つきで次の人の荷物を調べている検査員のお姉さんに、サリナさんが掛け合ってくれている。

間違いなく没収されるだろうと諦めて待っていたのだけど、しばらくしたらあっけなく返してくれた。

サ「検査員さんは、『日本人だったら、悪い人はいないから信用ができます』と言いました」

感激した私が「スパシーバ（ロシア語でありがとう）」と伝えると、お姉さんは、花が開いたように人なつっこい笑顔になった。

朝ごはんは、ホテルに頼んでおいたお弁当。持ち手をうさぎの耳みたいにキュッと結んである黒いポリ袋。私たちにひと袋ずつ手渡しながら、サリナさんは「オヴェントウです」と巻き舌ぎみに言った。中からハムとチーズのサンドイッチ、りんご、ゆで卵が出てくる。私はサンドイッチだけ食べる。

ウズベキスタンのお札をはじめて使い、自動販売機でコーヒーを買ってみる。カフェラテを押したはずなのに、10分くらいかかって出てきたのはブラックコーヒーだった。小さなプラスチックのカップに入っている。濃い麦茶のような味、とてもおいしい。

川原さんはスケッチブックを広げ、前の席に座っているウズベク帽のおじいさん3人組の後ろ姿を描いている。

私はサリナさんに『犬が星見た』の文庫本や、日記帳をめくって見せながら、ウズベキスタンへは取材で来ていることを伝える。「私たちは、この本をたどって、紀行文を書くためにここに来ました。川原さんは挿絵を描いてくれます。だから、有名な観光地に行きたいわけではありません」。本を開いて見せると、サリナさんは声を出して読みはじめた。指でたどりながら、一語一語思い出すようにして読んでいる。どうしても分からないところにくると、「うーん、これは何ですか？」と私に聞く。漢字とカタカナが少し難しいらしい。

サリナさんは、辞典をめくる仕草をしながら、遠くをみつめるようにして話す。

サ「分からない言葉があるとき、私は電子辞書では調べません。画数を数えて、辞書で調べるのがとても好きだから。うちには、学生のころから使っている漢和辞典が、1冊あります。ニッポンの国では、男の人が漢字で、女の人はひらがなというふうにたとえられると聞いたことがあります。でも私は、漢字を女の人だと思います。漢字は美しいです。たとえば、17や18という数字も、漢字になった方がきれいです。こんなふうに（十七、十八を指で宙に書きながら）曲がった線は、女の人がおしゃれをしたり、お化粧をしているみたいに見えます」

そして、「漢字は難しいですけれど、それを一生懸命勉強することで、人生の難しい大変なことも、同じように克服できると思っています」と弁論大会で発表しているみたいに胸を張り、しめくくった。

サリナさんは子どもがふたりいる。下の子が2歳半だそうだから、しばらくは勉強から離れていたんだろうな。私は、こういう通訳さんにめぐり会えたことが、とても嬉しくありがたい。

奥の待合室へ移動する。ウズベキスタンの女たちは、目が合うとみな微笑んでくれる。

7時50分の飛行機で、タシケント発ウルゲンチへ。

川原さんは前の席、私はその後ろ。ふたりとも窓際の席をとった。サリナさんは私たちから見えないところに座っているらしい。

シートベルトを探していたら、隣の座席の男が手渡してくれた。大きな体を縮こまらせ、腕組みをして私の肘掛けに触れないよう気遣っているので、男の方に自分の腕をわざと寄せ、「はみ出してもいいですよ」と私はジェスチャーをしてみた。

しばらくして、「ウォホッ」と咳ばらいをひとつしてから、「チーナ（中国人）？」と男が聞いてきた。「ジャポン」と答えると、「オー、ヤポーニャ」と目を細める。「そうかい、そんなに遠くからはるばるひとりでやってきたのかい」というふうに。

それからは、飛び立つ前にテーブルを戻してくれたり、ジュースかコーラのどちらがいいか、ふたつを手に持って聞いてくれたり（男もその隣のいかつい顔をしたおじさんもコーラ。私がジュースを選んだら驚いていた）。私がもたもたしているとさりげなく手伝ってくれる。いかつい顔のおじさんも、無表情のまま手を伸ばし、空いたコップをスチュワーデスに戻してくれた。

抹茶の粉をところどころにまぶしたケーキのような、小麦色の大地が見えてきた。地図と照らし合わせながらさらに眺める。空色に光りながら、うねうねと向こうから流れてくるのは、きっとシルダリア川だ。湖が見えたら、アイダルクル湖かどうか隣の男に聞いてみよう。百合子さんのバルハシ湖みたいに、「毒を溶かし入れたような」トルコ玉色に見えるだろうか。

飛行機は高度を上げ、見渡すかぎりの雲海の上を飛んでいる。

もくもくと雲の行進。その下には広い広い大地があり、のんびりと流れる雲の影が黒く落ちている。

でっかいでっかい景色。私は本当に、こういう景色が好き。

そのうち黄土色に広がる大地が見えてきた。メロンの皮のようなちりめん皺が、空の境のけむったところまで、一面に広がっている。地図によると、今私たちはキジルクム砂漠の上空を飛んでいる。

ナイフで引っ掻いたみたいなまっすぐに続く線が見える。あれはきっと道だ。人間は、よくもあんなところに道を作ったものだ。ヌラタ（砂漠の中の町。宿泊施設がある）へは、あんな道を通って行くのかな。

川原さんも、前の窓から私と同じ景色を見ている。眩しいからサングラスをかけている。思い出し、私もかける。隣の男はいびきをかいて寝ている。

泥が干上がって白くなった、沼や川の名残。ここは雨期には水をたたえていただろうか。というか、そもそも雨期などどこの国にあるのかな。

どこまでも続く砂漠。いつまでも見飽きない。

目をこらすと、指先で触れそうに小さな小さな集落がある。家々は刺繍の玉ステッチ、十字に伸びた道はバックステッチだ。

水路らしき線も見える。「砂漠の中で、どこあたりでか、いつのまにやら消え失せてしまう」ゼラフシャン河は、こういうところにあるのだろうか。

果てしなく続く砂漠。地平線のきわのところから、水色の空がはじまっている。天と地が、ちょうど同じだけ広がるなんにもない世界。だけども反対に、大きな大きな何かがある世界。

飛行機の窓におでこをつけたまま、私は目が離せない。川原さんもやっぱり前の席で同じ景色を眺めている。

しばらくすると、乾いた緑がボソッ、ボソッと見えてきた……と思ったら、定規で引いたような白い線が集まって交差し、いきなり集落らしきところが現れた。

飛行機は降下をはじめた。あそこがウルゲンチだ。

2　ヒヴァ

9時着。ウルゲンチ空港は、列車の停車駅のようにかわいらしいところ。ひとつしかないトイレに入ろうとしたら、鍵が壊れていて戸が閉まらない。川原さんに押さえていてもらって、順番に用を足す。

外に出ると、トクサを細くしたような硬い植物がはえている。百合子さんが砂漠の帰り道で見たサクソールはこれだろうか。乾いた地面は赤っぽく、砂のよう。私は肩掛けカバンから日記帳を取り出し、「砂の空港　ウルゲンチ」と記した。

9時半に車で出発。運転手は真っ黒に陽焼けした、がたいのいいおじさん。サリナさんによると、ここからヒヴァまでは1時間ほどかかるという（実際には30分で着いた）。

ミネラル水がとてもおいしい。飲んでも飲んでもパーッと蒸発するようにのどが乾く。砂漠の砂に染み込んでゆくみたいに。

車の窓からは、色とりどりの花柄ワンピースの女たちが見える。大きな荷物を両腕に抱え、砂埃の舞う往来を歩いている。みな、スカートの下に柄違いのズボンをはいている。

緑の植物はあるにはあるが、水が少なくても生きていける丈夫な種類なのだろう、どれも乾いたような色をしている。

ポプラ並木の田舎道に入った。草地では牛やロバが放牧されている。群れから離れ、車道まで出てきてのんびりと草を食《は》んでいる牛もいる。車はそれをよけながら走る。

畑に並んで腰を折り曲げ、野良作業をしている女たち。鮮やかなワンピースに合わせたズボン、頭に巻きつけたスカーフの華やかなこと。なんておしゃれなのだろう。陽焼けした肌にも、真っ青な空にも、土の色にもよく映えている。

サリナさんが、「あれは綿花畑です。ヒヴァは綿花がとても有名ですが、ほかにも米や小麦が多く採れます」と教えてくれる。

しばらく走ると、泥でできたような家が増えてきた。さっき、家々の間に大きな土壁が見えたと川原さんが言う。

川「あれはイチャン・カラですか？」

サ「そうです。あの城壁の中に、古いお寺や有名な塔があります。私たちのホテルも、あの中にあります」

路地に入ると、目の前に赤土の壁が立ちはだかった。ごつごつと荒々しく、威厳のある土肌は遺跡のようにも見える。いったいいつの時代に造られたものだろう。

城壁をくぐりぬけると景色が一変した。粘土をこね上げたような土壁の、いかにも古そうな背の高い建物が連なっている。

10時半、炎天下のなか車から降りる。石段を上った先に私たちのホテルがあった。玄関は扉が閉ざされて薄暗く、博物館か何かの入り口みたいに見えるけれど、一歩中に入ったら、とても奥行きのある建物だと分かった。通路の奥には、陽が照り渡った中庭が広がっている。体育館ほどの広さがある中庭を、ぐるりと一周とり囲むようにして、レンガ造りの頑丈そうな二階建てが並んでいる。ホテルというよりも、古めかしい修道院のようだ。

私たちの部屋は一階の角。重たい木の扉を開けて中に入ると、しんみりと薄暗く、驚くほど涼しい。

サリナさんのホテルはここではなく、別の場所にあるらしい。30ドルをスム紙幣に両替してもらって、昼食まで休憩することになった。

川原さんと順番にシャワーを浴び、洗面所で洗濯する。お湯はぬるいけどたっぷり出るし、簡素な部屋はあちこち掃除がゆき届いて、とても居心地がいい。私たちはいっぺんで気に入った。

12時、サリナさんおすすめのレストランへ。

お客さんは誰もいない。どのテーブルにも殻つき落花生やアーモンド、レーズンなどがカゴに盛られ、真ん中に備えてある。お皿くらいの大きさの平たいパンも、2枚重ねてある。パンには判を押したような丸い模様がいくつもついている。

『犬が星見た』にもあった「丸い平たいお盆のようなパン」は、いつか食べてみたいと何十年も前から憧れていた。ここのは思っていたものよりひとまわり小さく、膨らみも少ない。薄いのもぶ厚いのも、丸いパンはすべて「ナン」と呼ばれているらしい。

料理が出てくるまでの間、ちぎって食べてみる。ちょっと硬いけど、嚙みしめて食べるおいしさがある。焼きたてはもっとやわらかいのかな。

前菜4種が出てきた。

細切りの黄色いにんじんをディルと香菜で和えた甘酸っぱいサラダ（辛くはないけれど、タイのソムタムによく似た味）、はと麦を白にんじんとカッテージチーズで和えたサラダ（刻んだディル入り）、コロコロに切ったビーツ、ハム、豆のサラダ（うす甘い）、なすのサラダ（ウズベク語で「バカラジョン・サラダ」。揚げたなす、トマト、パプリカ、きゅうりが、コリアンダーシードとディルで和えてある）。

野菜がたっぷりでとてもうれしい。川原さんも私もおかわりして食べる。私は黄色いにんじんのサラダと、なすのサラダがとくに好きだった。

次に出てきたのは、ごろんとしたじゃがいも、黄色いにんじん、大きな肉だんごの透き通ったスープ。器のまわりにオレンジ色の油の輪っかが浮かんでいるけれど、あっさりめのやさしい味。「ギラック・スープ」というのだそう。

最後に、緑色の手打ち麺（香草が練り込まれている）が出てきた。さいの目切りのじゃがいも、にんじん、牛肉をトマト味で煮込んだソースがかかっている。「シュヴィト・オシュ」というヒヴァの伝統的な料理だそう。お皿の脇に白いクリームが添えてある。なめてみると、ロシアのサワークリームほどには濃厚でなく、濃いヨーグルトのような味。「チャッカ」というらしい。

食べながら話したこと。私たちはこれまでサリナさんと呼び続けてきたのだけど、それは間違いだった。正しくはサリマさん。やさしい、おとなしいという意味があるそうだ。忘れないよう日記帳に書きとめておく。

サ「おふたりの名前のユライは何ですか?」

私「由来なんていう日本語を、よく知っていますね。うちの両親はキリスト教徒なので、『直く美しく』という聖書の言葉からとったそうです。素直に育つように」

川「私は親に由来を聞いたことがないけど、真由美という字には、真実、自由、美しいという意味があります」

頭を動かすと、脳みそがグラリと揺れる。私はあんがいくたびれているのかもしれない。ビールを1本頼んだはいいけれど、私も川原さんもほとんど飲めない。サリマさんのグラスに注ぐと、のどを鳴らしておいしそうに飲み干した。

食後の果物(プラム、サクランボ、青い小さなりんご)とレーズン&ナッツをもらって帰ってくる。

外に出ると太陽は真上。歩いている人はほとんどいない。こんな時間に外を出歩くもんじゃない。白い石畳から照り返しの熱気が上ってくる。あんまり暑いと、うまく息が吸えないのだな。城壁の中は観光地でもあるらしく、土産物屋が縁日のように軒を連ねている。ミネラル水、スプライト、コーラ、オレンジジュースのペットボトルを売る店。色とりどりの首かざりや腕輪、子ども向けのおもちゃを並べている店。てらてらした油絵を壁に立てかけ、売っている店。毛の絨毯や手編みの靴下、毛皮の帽子がひしめき合っている店は、見ているだけでも暑苦しいので、できるだけ目に入れないようにして、ゆらゆらと歩いて帰ってきた。

部屋に入るとホッとする。ここは洞穴みたいにひんやりしている。耳がなくなったように静か。

窓がないので入り口を開け放し、ベッドに横になった。中庭の向う端にある小部屋で、従業員の女の子たちがお喋りしている声が、風にのって聞こえてくる。目をつぶっていると、日本語のようにも聞こえてくる。さっき、トイレットペーパーを持ってきてくれた女の人は、彼女らのなかでいちばん年上なのかな。どことなく東京の友人に似ていたな。

川「ここは安全な気がするね」

私「うん、私もそう思う。サリマさんといつも一緒じゃなくっても、ふたりだけで出歩いて大丈夫だと思う」

城壁のせいかもしれないけれど、とくにここは守られている感じが強くする。

ウズベキスタンは治安があまりよくないからと、パスポートをいつも持ち歩くよう旅行社から言われていた。私たちはねんのため、帰りの飛行機のチケットと、大きな額のドル札を胴巻きに入れて身につけているけれど、パスポートはホテルのフロントに預けるのがいちばん安心だと分かった。ウズベキスタンの人々は、思っていたよりずっと親切で正直な感じがする。

ひと眠りして、戸口のソファー（布張りのひとり掛け）に腰かける。このソファーはいつも外に出しっ放しにしてあるらしい。それでもきっと、めったに雨が降らないから大丈夫なのだ。泊まり客は私たちのほかには二組くらいしかいないみたい。さんさんと降り注ぐ光、とても静かだ。ガイド書を開いてみる。

ヒヴァは、アムダリヤ川の下流にあるオアシスの街で、古代ペルシャ時代からカラクム砂漠への出入り口として栄えたそうだ。外壁と内壁の二重の城壁を作ったのは、砂漠を越えてやってくる敵の侵入を防ぐため。内壁の中には20のモスク（イスラムの教会）と、20のメドレセ（神学校）、6基のミナレット（塔）が昔のまま残されている。私は何も知らなかったのだけど、ここは世界遺産でもあるらしい。

そういえばこのホテルのことを、サリマさんは「メドレセ」と呼んでいた。

どの部屋も白っぽいレンガ造りで、玄関のアーチには、コバルト色の飾りタイルが埋め込まれている。中庭の中央にある大きな舞台は、神学校の生徒たちが集まって、お祈りをする場所だったのだろうか。舞台をとり囲むように花壇があって、赤やピンクのマツバボタン、橙色のキンセンカが植わっている。

土は粘土質。そういえばさっき洗濯をしていて、水がほんのり茶色いことに気がついた。シャワーを浴びたときに少ししょっぱかったのは、ここの泥が混ざっているのだな。きっとミネラルがたっぷり含まれている水なのだ。

4時を過ぎて、ずいぶん涼しくなった。

どこか遠くの方で掃除機の音がする。見上げると、中庭の天井には四角く切りとられた青空が広がっている。そろそろ川原さんを誘って、散歩にでも出かけようか。

7時45分、戸口のソファーで涼みながら日記を書いている。

空は水色。タイルの色と同じ青。陽はずいぶん傾いているけれど、まだまだ暮れそうにない。

フロントに飲み物を買いにゆく。フロントといったって、受付のカウンターと飲み物用の小さな冷蔵庫があるだけなのだけど、散歩みたいにふらふらと中庭の回廊を抜けてゆく感じが、とても気に入っている。

くたびれたポロシャツのおじさんがすぐに寄ってきて、冷蔵庫を開けてくれた。さっき外の照明をつけてまわっていた人だ。

私がファンタを指さすと、「ファン……タッ？　クォルド？」と、子どもにでも言いきかせるように首をかしげ、冷えているかどうかビンを触らせる。うなずくと、「オルプン？」とおどけて、ポケットからせん抜きを取り出し、抜いてくれた。

無邪気な笑顔の、小学校の用務員みたいなおじさん。私はこの人を好きだ。北島三郎に似ているので、サブちゃんとあだ名をつけた。お互いに英語はほとんど喋れないけれど、べつに言葉なんか必要ない。

戻ってきてソファーに腰かけ、ラッパ飲み。すぐにぬるくなるけれど、このファンタ・オレンジのおいしいこと。

さっき、川原さんと夕方の散歩に出た。城壁を出たところにある、水色のペンキ壁の小さな雑貨屋さんで、アイスクリームを買って食べた。

店のおばちゃんに、若草色の私のワンピースをほめられた。このワンピースはたっぷりの布で仕立ててあり、脇の切り替えがちょっと変っている。おばちゃんはごたごたと何か喋りながら、私の腕に触れたり、袖をつかんで広げたりして、めずらしそうに形を見ていた。おばちゃんがウズベク語なので、私は日本語で返事をした。店の前のベンチに座り、ふたりで記念撮影。

それからは鋪装されていない路地を、川原さんと気ままに歩いた。白壁に空色の木戸。飾り気のないボロ家だけど、どの家もどの家も、窓辺や開け放した入り口に、目隠しの素敵な布が吊るしてある。

道の両脇には木の電信柱が並び、電線がたるんでいる。ヤカンやポット、茶わんを持ち出し、木陰の地べたに足を投げ出してお茶を飲んでいるおばあちゃんたち。自転車のおじさんがゆっくりと通り過ぎ、見えなくなった。

私が子どものころ、家の近所はこんなだった。隣に長屋があって、道の脇にはどぶ川が流れていた。この辺りのヒヴァの人たちの暮らしは、100年前からほとんど変らないんじゃないだろうか。

大通りを渡ったところにあるスーパーマーケットで買ったもの。きゅうり（白うりのように太い）2本、トマト1個、サラミソーセージ（量り売り）、黒パン（キャラウェイシード入り）、チーズの薫製（イカクンの味がした）、チーズボール（乾燥したチーズを丸めたもの。山羊のチーズの匂いがして、私はちょっと苦手だった）、ミントガム（のどアメが欲しくて買ったのだけど、箱を開けたらガムだった）。

部屋に帰りつき、川原さんはシャワー。私は壁に飾ってあった大皿をはずし、スーパーで仕入れてきた食材を並べる。昼食にレストランでもらってきた果物や、レーズン＆ナッツも。これが今夜の夕ごはん。あとでシャワーを浴び、外のソファーに腰かけてふたりで食べよう。

フロントに水を買いにいったら、ビールが冷えていたのでついでに買った。カウンターの中でパソコンをしていた制服姿の兄ちゃんは、「ビール　イズ　スペシャルドリンク!?」と、調子がいいせん抜きはいらないか？　部屋に持っていくか？　などとわざとらしく英語でまくしたてる。サブちゃんはいなかった。

鏡台の椅子を外に出し、その上に大皿をのせて夕食。キャンプ用ナイフでトマトを切ったり、黒パンやサラミソーセージを切り分けたり。川原さんととりとめのない話をしながら食べた。

陽が沈む間際、白レンガの壁が紅く染まった。古《いにしえ》の寄宿生たちも、この光景を眺めていたろうか。

川「この中庭も、この夕焼けも、ぜんぶが私たちのためにあるみたいだね！」

あたりはだんだん暗くなる。水で薄めたぬるいビールが、今の私たちにはちょうどいい。

10時20分。そろそろ寝に入ろうとしたら、ドイツ人の老夫婦が煙草を吸いに出てきた。真っ赤な顔をして、「ホットゥ！　ホットゥ！」と連発している。

旦那さんは英語を話せる。川原さんの英語はちゃんと通じるのに、私のは通じない。奥さんはあまり話せないみたい。私はスーツケースからうちわを出してきて、奥さんをあおいでやった。

6月5日（水）快晴

5時半、入り口の明かりとりの窓がずいぶん白くなったので、起きる。扉を開けると木の匂いがする。木が濡れたときのしんとした匂い。

川原さんも目を覚ました。扉を開けておいていいと言う。

歯ブラシをくわえながら中庭へ出てみる。黒い小さな鳥が、空の高いところを旋回している。ゆうべ、夕食を食べていたときに生ぬるい風が枝を揺らしていた木は、幹が白っぽく、葉のつき方がニセアカシアに似ている。きのうかおとついにできたばかりみたいな、とてもやわらかい葉っぱだ。歯をみがきながら、もっさりとした大きな木の幹を触ってみる。こっちは老木。水がなくても緑を茂らせ、元気でいられる木。

早朝はマツバボタンもキンセンカの花も閉じている。太陽が照りはじめたら、いっせいに開くのだろう。石畳のレンガは、ヘリンボーンの寄せ木の床模様みたいに、縦に埋め込まれている。隙間を固めている粘土は、この土地のものに違いない。

ここには神聖な空気がある。寄宿生たちが長衣をなびかせ、朝な夕なにコーランを唱えていた姿が目に見えるよう。

川原さんも起きてきた。私たちは上着だけ羽織って、朝の城内を散歩することにした。とても静か。土産物屋はまだ出ていない。細い枝を束ねたほうきで、道を掃いている女の人をふたり見かけただけで、歩いている人は誰もいない。東門をくぐった先のバザールでは、今さっき起きたばかりみたいな顔をした食堂の男が、火をおこしていた。石油ストーブのような懐かしい匂いがしていた。

7時に別館のレストランで朝食。

しんと静まり返っている。濃いグリーンの絨毯が敷きつめられた大広間は、天井がとても高く、ギリシャ遺跡のような白い柱が立っている。いくつも並べられた細長い食卓にはクロスが敷かれ、白いお皿が並べてある。『最後の晩餐』の絵のようだ。

白シャツに黒ズボンのウエイターの男の子が、「ブラックチー オア グリーンチー？」と尋ねにきた。ウズベクの人たちは、ティーのことをチーと言うのだな。川原さんはブラックティー、私はグリーンティーをたのむ。

バイキングのテーブルに立ち、ヨーグルト（甘みのないラッシーのよう。ドロッとしている）とクランベリージュースを注いで戻ってきた。さっきの男の子が次々に運んでくれた皿の数々は……ソーセージにスモークチーズの盛り合わせ、パン2種（放射状に切ったナン、三角に切ったライ麦パン）、バター、クリーム（生クリームを泡立てて作ったフレッシュバターのような味）、カッテージチーズ（ほの甘い）、蜂蜜、果物のジャム（甘いだけで酸味はない）、蜜を染み込ませたロールパン、穴の空いた丸いビスケット。

何を食べてもとてもおいしい。健やかで、みずみずしい味がする。ここのナンは白っぽく、やわらかい。そういえばきのう入った食堂にはハエがたくさんいたけれど、ここは一匹もいない。

ブラックティーは紅茶。ロシアで飲んだイギリス風の味ではなく、インドと中国が合わさったような味がする。プーアール茶のようでもある。私のグリーンティーは、マテ茶を薄めたみたいなお腹にやさしい味。どちらのお茶も香りはほとんどない。

朝食後、そのまま歩いてサリマさんが泊まっているホテルに迎えにいった。きのうからの約束で、これから3人でバザールへ出かける。

途中の道で、ブドウ酒色のワンピースのきれいな女の人とすれ違った。ワンピースの裾から小花模様のズボンがのぞいている。私たちは走って追いかけ、写真を撮らせてもらう。黒髪を緑色のスカーフでまとめた、浅黒い肌の、いかにも内気そうな感じのする美人だった。

バザールはとても賑わっていた。今朝、火をおこしていた食堂は店先にコンロを出し、いろんな肉を串刺しにしている。シャシリクだ。

店の人もお客もほとんどが女ばかり。みな同じくらいに陽に焼け、頭にはきりっとスカーフを巻いている。

石畳の上に布を敷いて、野菜の種を並べている女。みずみずしいディルの山、束ねたねぎ、香菜、にんにく、青唐辛子、ピーマン（日本のものより大きく、色が薄い）を売っている女。

首飾りみたいに糸でつないである、干し椎茸によく似たしなびたのは乾燥トマトだそう。この店の女の人は、スポーツ選手のように元気がありあまっている。はち切れんばかりの笑顔は、ロシアの血が混ざっているみたい。豹柄のワンピースに赤、黄、緑のくっきりとした花柄のエプロン。上に羽織った男物の青縞シャツが、赤銅色の肌によく似合っている。私はコバルト色の空を背景にして、この人の写真を3枚撮った。

石灰のような白い塊は、砂漠の水たまりが干上ってできたもの。飛行機の窓から見えた、あの、沼や川の名残のように白かったところの土だ。ウズベキスタンの人たちは、カルシウムの補給に削って食べるのだそう。

肉屋の前の石畳には、牛の頭が置いてある。目の下でぶった切られた顔は、赤茶色い毛並みも黒く濡れた鼻先も、生きている牛とあまり変らない。蹄のついた足が一組、脱ぎすてたブーツのように揃えてある。

サ「牛の足は毛を削って、きれいに洗って煮ると、とてもおいしいです」

足が立て掛けてある洗面器の中のものは、この牛の内臓だろうか。ねずみ色の足ふきマットみたいに、ドサッと無造作に積んである。

サ「えーと、あれは何というのでしたっけ……私たちが息を吸うところです」

サリマさんは胸の辺りを押さえながら言った。

肉屋の奥には牛1頭分の肉が吊るされ、若い男が小さなナイフで削ぎ切っている。はかりは昔ながらの天秤式。金属の重りに釣り合うよう、肉を加えたりよけたりするのを、注文した奥さんが厳しい顔つきで見守っている。量り終えると、ビニール袋に入れて手渡した。1キロあたり1800スム（100円弱）だそう。奥さんは今夜この牛肉で、どんな料理を作るのだろう。

でっぷり太った八百屋のおばちゃんは、笑うと金歯だらけ。段ボール箱に山と積まれたトマト。きゅうりはビニール袋にぎっしり詰まったまま、足下にどんと置いてある。

サクランボは、きのうレストランで食べたのもそうだったけど、ふたつつながった双子がけっこうな割合で混ざっている。フランクフルト・ソーセージのような指でつかみ取り、味見をさせてくれるおばちゃん。

杏《あんず》にもいろいろな種類があり、味もひとつひとつ違う。サリマさんが通訳してくれる。「これは、油っこい杏（皮にツヤがある。杏と桃の味が半々で、花のような香り。とてもおいしい）、こっちは油っこくない杏（小さくて、皮にツヤがない）」。

私は油っこい方の杏を少し買った。

歩きながら、ウズベク語を教わった。「ラフマッ（ありがとう）」「アッサラーム（こんにちは）」「ヤフシ（よい。おいしいも同じ）」。

色とりどりのアメやチョコレート。ビスケットは丸いのやら四角いのやら、間にクリームがはさまったのやら、段ボール箱に裸のまま積み上げられ、傾斜のついた棚からこぼれ落ちそうに並んでいる。

サ「アメと言いたくて、マメと言ってしまいました」

サリマさんの日本語はおもしろい。蜂の巣のことは「蜂蜜の家」、岩塩のような黄色い結晶は、砂糖をゆでた（煮詰めた）もの、と言った。

はち切れそうに太った蜂蜜屋のおばちゃんは、寸胴鍋にたっぷり入った蜂蜜のとろみ具合をおたまで何度もすくって見せ、味見をさせてくれる。干しぶどうも大きな粒、小さな粒、茶色、緑色、黒と、いろいろある。ナッツ類もずだ袋に山と積まれている。

「アッサラーム」と声をかけながら私が近寄ると、どの売り場のおばちゃんも味見をしろと渡してよこす。味わっている私の顔を見ながら、もうビニール袋をカシャカシャいわせて支度をしている。旅はまだ先が長いので、ぜんぶ買えないのが申しわけないけれど、味見だけだって、おばちゃんらはみなちっともいやな顔をしない。

私はウズベク女たちのようなワンピースを探して歩く。サリマさんによると、ヒヴァの女の人たちは生地屋さんで好きな布を選び、自分の寸法にぴったり合うよう、仕立ててもらっているんだそうだ。

さんざん歩きまわって、風通しのよさそうな既製品のワンピースと、下着屋さんでスミレ柄のパンツ（ズロース）を買った。

炎天下を歩き疲れたので、昼食がてらサムサ（肉入りパイ）屋に涼みに入った。熱いお茶を飲むと、生き返る（少ししょっぱいのは、たぶんこの土地の水のせいだと思う）。「茶柱が立ったとき、日本でも、何かいいことがあると言いますね。ウズベキスタンの場合は、『お客さんがくる』と言います」

帰りにバザールの公衆トイレに入った。100スムと引き換えに、トイレットペーパーを渡される仕組み。

女たちはいっせいに私の顔を見る。微笑みながら、じーっとみつめてくるので、私は胸元を押さえ「ヤポーニャ」と言う。すると、「ああそうかい、日本人なのかい」と、珍しそうに腕を触ってくる人もいる。女たちはせいせいと金歯を見せ、声をたてて笑う。私も笑う。

今は正午を過ぎたところ。部屋にもどり、外のソファーに腰かけて、こうして日記を書いている。

今日は風があって、きのうに比べたらずっと涼しい。

お隣のドイツ人夫婦が出てきた。ゆうべよりもさらに陽に焼けている。ピンクに火照った旦那さんの顔は、どことなくサンタクロースに似ている。

旦那さんによると、きのうは43度まで上がったのだそう。私は驚き、「それでも、今日は風があるから涼しいですね」と、身振り手振りの英語で伝えようとするのだけれど、彼にしてみれば今日も暑くてたまらないらしく、まったく通じない。

そういえばサリマさんは、「きのうが34度、今日は28度くらいでしょう」と言っていた。もしかすると彼女は、日本語の数字をまちがえて覚えているんじゃないだろうか。

川原さんは中で洗濯をしている。私もあとでシャワーを浴びたら、昼寝しよう。

6月6日（木）快晴

夜明けにいちど、遠くの方からコーランが聞こえていたようだった。今日は何日だろう。6月5日かな。

6時15分に起きる。ものすごくよく眠れた。夢をいくつもみた。

きのうは5時くらいに夕食に出かけ、7時前に戻ってきた。暗くなるにはまだしばらくありそうな、あんまりいい夕方だったので、戸口のソファーに腰かけて川原さんとビールで乾杯した。白レンガの壁を、夕陽が染めていた。

私は夕食を食べに入ったシャシリク屋の家族のことを、どうしても日記に書いておきたかったのだけど、いざ書こうとすると、ぱったりと日本語が出てこなくなった。何をするにもおっくうで、タガがはずれたように眠たくなり、ビールを飲みかけのまま、着替えもせず、歯もみがかずに寝てしまった。私は7時半に寝たのだそう。川原さんは8時半に寝た。

今はベッドの上でこれを書いている。

開け放した扉から、中庭の回廊をゆっくらゆっくら歩いてゆくサブちゃんの背中が見える。今朝は黒っぽいズボンに、パリッとした真っ白いシャツを着ている。とてもよく似合っている。朝のお祈りのために、正装して出かけるのかな。サブちゃんは小間使いのおじさんのように見えるけど、英語があんまり話せないだけで、このホテルのポーターなのだ。愛想がよく、ひょうきんなところもあるけれど、実は色気を忍ばせた寡黙な男なのだ。

しばらくして戻ってきたサブちゃんに、日本から持ってきた醤油せんべいを2枚手渡した。「オー、グッド」と、照れくさそうにつぶやきながら、包みをカシャカシャさすっている。

きのうの夕方、フランス人の団体客が20人くらいやってきた。手ぶらでぞろぞろと外階段を上っていったから、見学にきているだけなのかと思っていたら、後ろからサブちゃんともうひとりの男の子（とても礼儀正しく、英語も話せる）が、大量のスーツケースを引きずって出てきた。男の子はホテルの制服姿だったけど、サブちゃんは前の日と同じ灰色のくたびれたポロシャツを着ていた。1階の部屋もたくさん空いているようなのに、団体客はみな2階へと上がっていった。スーツケースを肩に担ぎ、蟹の横歩きで狭い階段を懸命に運び上げているサブちゃん。私はソファーに座って、その一部始終を見るともなく見ていた。サブちゃんはスーツケースの側面をバンッと平手でたたき、「ビーッグ！」と言っておどけた。川原さんはスケッチブックを広げ、長いことホテルの建物の絵を描いていた。

さて、そろそろ顔を洗って身支度をしよう。今日はイチャン・カラの中でいちばん高い塔に登る。

塔を建てた人夫たちに敬意を表して、私は黒いパンツに麻の白シャツ。サブちゃんの真似をして正装のつもり。

7時半、朝食に出るとき、玄関の椅子にサブちゃんが腰かけていた。サブちゃんの目玉は逆光で見るとグリーンがかって、風の凪《な》いだ湖のよう。角度が変ると、琥珀色に光る野生のヒョウの目玉になった。

ホテルの離れにあるレストランで朝ごはん。今朝もまた、教会のように静まりかえっている。フランス人の団体客はまだちらほらとしか来ていない。広々として、とてもいい空気。

バイキングの料理が並んだテーブルに、蜂蜜の大鉢が置いてある。コバルト色に彩色された土器に、なみなみとした琥珀のとろとろ。スープを飲む用の銀のスプーンが投げ入れてある。

天窓から注がれた陽の光が白レンガの壁に当たり、蜂蜜にも届いている。あんまりきれいだったので、私はよそった料理を置いたまま、いろんな角度から写真を撮った。かがんだり、体を斜めに倒したり。写真を撮るのをやめて遠くから見たり、近寄って、パッと目を見開いてみたり。この静粛な空気ごと、体に焼きつけたいのだけど、見れば見るほど心の中がぼんやりしてくる。

メニューはきのうとほとんど変らないが、何を食べてもとてもおいしい。ソーセージ、チーズ、フレッシュバター、カッテージチーズ、目玉焼き、牛乳のうす甘いお粥、甘いロールパン、ライ麦パン、パンケーキ（カッテージチーズを巻いてある）、ナン。ヒヴァのナンはピザ生地のように白っぽく、飾りの判子がたくさん押してある。この土地の女たちのワンピース柄のよう。

帰りしな、サリマさんが泊まっているホテルに迎えにいった。立ち止まった川原さんが写真を撮っている。イスラム帽をかぶったおじいちゃん6人組が、角を曲がって、そぞろ歩いてゆくところ。空はどこまでも真っ青。今日もまた、暑くなりそうだ。

3人でホテルに戻る。今日、私たちは夕方の寝台車でブハラに向かう。出発の時間まで炎天下をうろうろするのはたいへんなので、チェックアウトを遅らせることができるかどうか、サリマさんに通訳してもらう。無事交渉がすみ、延滞料の4万2000スム（約2100円）をフロントに支払った。

9時15分、塔に向かって出発。

通りを歩いていたら、前の方で硬いものどうしがぶつかるような音がした。見ると、石畳に倒れているおじいさんが、自転車を起こそうとしているところだった。私はヒヤリとする。

「妊婦さんが前を歩いていたので、おじいさんは自分から転びました。ウズベキスタンの場合は、男性は、妊婦さんをとても大切にします」。サリマさんが胸を張って言った。

塔（イスラーム・ホジャ・ミナレット）に登ってみたいと歩きながら伝えると、「頂上までは階段が118段ありますから、とっても大変です。足が疲れますよ」と目を丸くする。川原さんとふたりで登るというと、胸をなでおろしたような顔になった。サリマさんには下で待っていてもらう。

曲がりくねった急な階段を、休み休み一歩ずつ登る。水を飲みながら登る。塔の中は真っ暗なので、足下を懐中電灯で照らしながら。グリム童話で、髪の長いお姫さまが囚われていたのは、きっとこんな塔だ。階段の板は、長い年月をかけてたくさんの人が登ったあとがある。かなり頑丈なつくりだけど、カーブのところは幅が狭く斜めになっているので、気をつけないと転げ落ちそう。

レンガの隙間にある覗《のぞ》き窓のところにくると、そこだけ光が漏れている。遥か下の景色に目がくらむ。地面の泥をこねているうちに、そのままできてしまったような四角い箱だらけ。泥一色の中に、指輪のトルコ玉みたいな丸屋根がぽつんとひとつ光っている。

塔のてっぺんは展望台になっていて、城壁の外から地平線までぐるりと一周見渡すことができた。ヒヴァの街のすぐ外側は、乾いた緑がぼそぼそと生えた砂漠で、そのまま何もない砂漠へとつながっている。やっぱりここは、飛行機の窓から見えていた通り、砂漠の中にこつ然と現れたオアシスなのだ。砂漠の民がたいへんな苦労をして、大昔にこしらえたのだ。

足を開いて踏ん張っていないと飛ばされそうに風が強いのに、川原さんは柵の間からカメラで覗き込み、同じ高さになるよう腕を固めたまま、ぐるりと一周分のパノラマ写真を撮っていた。

塔を降り切ると、足がわらわらする。近くのチャイハナ（茶屋）で休憩。

川原さんとサリマさんはにんじんジュース、私はトマトジュースをたのむ。にんじんジュースを味見させてもらったら、繊維が粗く、不思議な甘みがついている。何か果物が混ざっているんだろうか。私のトマトジュースはほんのりした甘み。みずみずしくてとてもおいしい。トマトジュースにしてよかったな。

ここは、縁台のひとつひとつに陽よけのテントが巡らされ、なかなか涼しい。座布団の上に足を投げ出し、きのうの日記をつけることにする。川原さんは私をスケッチしている。

サリマさんが、グリーンティーのおかわりをティーポットにもらってきてくれた。私は腰を落ち着け、シャシリク屋台の家族のことを書きはじめる。

きのうは、ホテルのレストランで夕食を食べようと楽しみにしていたのだけど、団体客で予約がいっぱいだったので、散歩がてら川原さんと表に出た。昼間歩いたバザールのはずれのシャシリク屋が気になっていたので。

屋台の並びは、どの店も慌ただしく店じまいをしていた。腰かけがテーブルに逆さに伏せてあり、焼き場の火も落とされている。

突き当たりまで歩いたら、残り少ないシャシリクを焼いているおじさんがいた。奥さんらしき人が隣で燃料を片づけているけれど、思い切って注文してみた。ふたりはいっせいに2本の指を立て、私たちがうなずくと、ひき肉だんごのシャシリクを4本焼きはじめた。ひとり2本ずつということらしい。

髪をポニーテールにした、ピンクのワンピースのロシア顔の少女が、向こうから私たちを呼んでいる。輪にした両手を頭にのせ、タコのような格好でおどけながら何か叫んでいる。道をはさんだ階上の舞台が、露天の茶屋になっているみたい。

少女は片づけ終わったテーブルをひとりでひきずりながら、「早く早く！　椅子を出して！」と奥さんに向かって叫んでいる。奥の炊事場へかけ込むと、3つ重ねた洗ったばかりのコップをはずそうとして、私たちの目の前で割ってしまう。手伝おうとするのを「危ないから座っていて！」と遮り、破片を片づける。奥さんはこの娘の母親だろうか。驚いたふうでも怒っているふうでもなく、花模様のついた細長いコップを慌てて出してきた。「ビール用には、もっといいのがあるのよ……」という感じで。けれどもそのうちのひとつがまた床にすべり落ち、割れてしまう。お母さんも娘も、笑いながら片づけている。

少女はとり皿を用意したり、ビールを運んでくれたり、給仕の仕事が楽しくてたまらないという様子でいきいきと動いている。その後ろを妹らしき女の子が、ちょろちょろとついてまわる。少女は10歳くらい、妹は7歳くらいだろうか。

ほどなく焼きたてのシャシリクとパンが出てきた。シャシリクには生の玉ねぎの輪切りが山ほどのっている。串からはずし、玉ねぎごとパンにはさんで食べる。ナンではなく、粗びき小麦の四角いパンだ。1斤分を横半分に切ったものに、うまく切り込みを入れ、具をはさんで食べられるようホットドッグのような形にしてある。肉は牛だろうか。香ばしく、ものすごくおいしい。味つけは塩だけ、玉ねぎのすりおろしかにんにくが入っているのかな。スパイスは混ざってないみたい。

日本に帰ったらやってみようと思い、パンの切り方をスケッチする。焼く前には五平餅のように平たく串にまとめてあったシャシリクが、焼き上がると膨らんで、細長い円柱になることもメモする。

少女たちを指差しながら、「ファミリア？」と奥さんに聞いてみる。「ダー、ダー、ファミーリア（そうです、家族です）」。

シャシリクを焼いている男は父親だという。ピンクのワンピースの少女のことは、自分の耳を押さえながら、なんとかショーシュカと私に教える。そのときの、いかにも情のこもったお母さんの表情から、女の子の話し声は聾《ろう》者のものかもしれないと、ようやく気がついた。

少女はワンピースと同じ色の水玉のエプロンを巻いて、まめまめしく働いている。私たちのテーブルにやってくると、何か書きたそうにしている。私は、日本からお土産に持ってきたケーキやソフトクリームの形の消しゴムを、この姉妹にあげることにした。白いページに文字を書き、消してみせる。

「※Φ△§□?」と私に尋ねている。隣にいた妹が間に入って通訳する。「コーリア?」と聞いているらしい。「ヤポーニャ」と答えると、妹が手話で伝える。

少女の顔がパッと輝き、私のシャープペンで「Yaponiya」と書いた。ウズベク語では「ヤポンニャ」と言うのだそう。

妹はいつもそばにいる。お母さんもやってきて、立ったままお喋りに加わる。声をかけるときには、少女の肩にやさしく触れて合図を送る。

私と川原さんは、知っているだけのウズベク語を声に出した。「ヤフシ(おいしいです)」「アッサラーム(こんにちは)」「カンチャ(いくらですか)」「ラフマッ(ありがとう)」。

お母さんは口をはっきり動かして、少女に伝える。穏やかな顔つきで、とてもやさしく教える。同時に妹が手話で伝える。すると少女がはじけるように笑い声を上げ、私のノートにアルファベットを書く。

私は自分たちの名前をアルファベットで書くと、声に出して読み、隣にカタカナをふった。シャープペンを奪いとるようにして、少女も名前を書く。「Kilala」、妹の名前は「Bonu」。読み方をカタカナで書いてくれと言う。私が書くと、キャーキャーと喜んで、小さな指先でなぞりながら「キー、ラー、ラー」、「バー、ヌー」とくり返す。

キララのアルファベットは筆記体。大きさも角度もきちんとそろえ、力を入れてていねいに書くので、シャープペンの芯が2度ばかし折れた。きっと字を覚えることが好きでたまらないのだろう。もしかするとふたりとも、学校へは通っていないのかもしれない。

キララはロシア顔。バヌは肌の色が浅黒く、両親によく似たウズベク系の顔をしている。キララだけが違う系統の顔なのは、血のつながりがないのだろうか。あるいは奥さんは再婚で、前のご主人がロシア人だったのかもしれない。

帰りしな、サムサとビール1本を買おうとすると、キララは私たちが食べたものとその値段をノートに書き出した。ひとつひとつ声に出しながら、身振り手振りで指差し、教えてくれる。私はその横に、シャシリク8000スム、ビール3000スム、アイスクリーム5000スム、サムサ800スムと記す。お母さんはサムサをひとつおまけにつけてくださった。

ああ、ようやくきのうのシャシリク屋の家族のことが書けた。

11時、サリマさんとはチャイハナで別れ、川原さんとふたりで美術館や博物館を巡る。

その足でまたシャシリク屋台へゆき、昼ごはん。焼いているところと、パンにはさんで食べているところを、川原さんにムービーで撮ってもらう。きのうはお腹がいっぱいで食べられなかったギラック・スープもたのむ。

ギラック・スープは、脂の浮いた汁に大きな肉だんごがふたつ、じゃがいもとにんじんがごろごろ煮込まれている。羊肉の脂身も入っている。レストランで食べたのはあっさり目だったけれど、ここのは濃厚で、肉のだしがきいていて、とてもおいしい。トマトも少し入っているのかな。ほんのりと酸味のある塩味だ。ご飯にかけてかっこみたいような味。

自慢のスープらしく、食べるジェスチャーをしながらキララが何度も見にくる。川原さんはソフトクリームをたのんだ。

今日は妹はいない。友だちの女の子が妹みたいにいつもそばにいて、手話で伝えてくれる。お昼どきで忙しいらしく、筆談に夢中になっているとお母さんがキララの肩をたたきにくる。ほんのちょっと淋しそうな顔をして、手伝いに立つキララ。

さっき、サリマさんがやってきて、「ここはバザールの屋台ですから、カバンの口をしっかり閉めてください」と、私の耳元で忠告していった。買い物をした帰りに立ち寄ったらしい。なぜだか、とても久しぶりにサリマさんに会ったような気がした。同じウズベク人なのに、私たちよりもそこにいるのが不自然で、彼女の方が場違いな感じがした。

帰りぎわ、川原さんがキララたちに千代紙をプレゼントしたので、私はそれでツルを折った。折りはじめたら、わらわらと人が集まり、あっという間に囲まれた。金歯だらけのおじいさんも腰かけごと寄ってきて、じっとみつめている。キララはすぐにツルと分かったらしく、飛ぶ仕草をしてみせる。

キララも自分の千代紙で何か折っている。とても手の込んだ折り方で、お終いにぷーっと空気を吹き込んだら、蓮の花の形になった。

そのうち、後ろでタイコが鳴り出した。

タンバリンのように平べったいタイコを抱え、おじさんが打ち鳴らしている。お腹の底に響く音。

地面から湧いて出てくるような、乾いた音。

さっき、サリマさんが、今日はお祭りがあると言っていたから、踊りの一団が私たちの後ろで休んでいたのかもしれない。

水色の揃いのワンピースにターバンを巻いたおばさんが、ひとりふたりと立ち上がって踊りはじめた。飛び入りの女も腰を振って踊る。沖縄のおばあたちのカチャーシーに、羊の脂とヨーグルトとスパイスが混じり合ったような踊り。民族の血が通った、熱い踊り。

お客さんらはみな手拍子を打ち、鳥や動物たちが歓んでいるような声が、あちこちで飛び交う。

私は胸がドキドキし、体中を血がかけめぐって、涙が噴き出した。

隣でキララが、「どうして泣いているの?」という顔で見ている。私ははずかしい。涙が出るのがはずかしい。キララが心配するから泣きやまないとと思うのだけど、あとからあとから噴き出してくる。

「楽しいから泣いているんだよ」と、キララに言って聞かせるのだけど、しばらくするとまたキララは私の腕を触り、泣きマネをして「どうして?」と心配そうな顔をする。タイコをたたいているおじさんも私を指差し、泣きマネをして首を傾げてみせる。

光栄なような、もったいないような、思いもかけぬ喜びでいっぱいな気持ちが詰まっている胸を押さえ、私は頭を下げた。

おかめ顔のふくよかなおばさんが、踊りながら近づいてくる。

川「高山さん、いっしょに踊ろうって誘ってるよ!」

私は涙をふき、みんなにはやし立てられながら踊った。川原さんも踊った。キララの手拍子は、みんなより少しだけ遅れていた。キャーキャーと歓声を上げ、椅子の上でお尻を持ち上げリズムをとって、はしゃいでいた。

私はここであったことを一生忘れないだろう。またいつか、この人なつっこい村人たちのところに来られるだろうか。いつの日か夫と一緒に来ることがあったら、サブちゃんのホテルに泊まり、バザールのはずれのこのシャシリク屋に連れてきたい。

帰り道、古い大きな土のお皿を買う。ホテルに戻ってシャワーを浴び、荷物のパッキング。ここにいられるのはもうこれで最後なので、ファンタ・オレンジを買ってきて戸口のソファーに腰かけ、日記をつける。

5時にホテルを出発、ウルゲンチ駅へ。

運転手の男は、2日前にウルゲンチ空港からヒヴァまで乗せてくれた、がたいのいいおじさんなのだけど、駅に着いても荷物を運んでくれない。駐車場から駅までのガタガタ道を、女ふたりがスーツケースをひきずって、お皿や食料、水などの大荷物を運んでいるというのに。サリマさんも手伝ってはくれない。サリマさんは自分用に買った土産物で手がふさがって、どんどん先を歩いていってしまう。

私はむかっ腹が立つ。さっきまで心やさしい人たちに囲まれ、言葉などなくても通じ合えていたのに。いくら私と川原さんが、ふたりだけで過ごす時間が多いからといって、サリマさんはガイドの仕事を怠けすぎてやしないだろうか。出発までまだ間があるので、きちんと話して伝えることにする。

6時半、寝台車の中は蒸し風呂のよう。2等の4人部屋に通される。1等を予約しておいたはずなのだけど、現地の旅行会社の手違いらしい。私は断固として2人部屋を要求する。サリマさんが電話で問い合わせている間、私はブラウスを脱いでタンクトップになった。

空気がとまっている。とても古い車両だ。

30分ほどしてサリマさんが戻ってきた。無事、1等がひと部屋だけ空いていて通される。1等といったって冷房はないので、蒸し暑さは変らない。それでも寝台がふたつきりなので、ずっと広々した感じがする。

列車は7時ちょうどに走り出した。

夕食はサムサ（キララの店で買ったもの）、黒パン（川原さんはきゅうり、私は干しぶどうをはさんで食べた）、トマト、きゅうり。

ヒヴァのスーパーで買ったサラミソーセージを傷ませてしまった。残念だけど、この暑さだし、冷蔵庫もないのだから仕方がない。アイスコーヒー（ホテルにあったインスタントコーヒーの粉を水で溶いた）がとてもおいしい。

ただただ頑丈そうな、飾り気のない部屋だ。シベリア鉄道の方が新しくてずっときれいだったけど、百合子さんたちが乗ったのは、こんな感じの車両だったかもしれない。

通路側の窓も、カーテンを巻き込んで、景色がよく見えるようにした。

夕陽が砂漠に落ちようとしている。広い広い砂だらけのところに、スギナを大きくしたような乾いた草がボソボソとはえている。あれはサクソールだろうか。飛行機の窓からコケのように（川原さんがそう言った）見えていたのはこの草だ。

電信柱の向こうを、茶色い牛とぶち模様の牛が2頭、のっそりと歩いている。人は誰もいない。

大きな河を渡った。河のほとりで網を張り、魚つりをしているランニングシャツの男。

うんとしばらくいくと、遥か向こうの方に泥の家がぽつん、ぽつんと見えてきた。

上にある細長い開き窓を引いても、風はない。

フランス人も、ドイツ人も、みな通路に出てきて、陽が沈むのを眺めている。私も、せんこう花火の玉のように大きく膨らんだ夕陽を、水を飲み飲み、いっときも目を逸らさないように見ている。あんまり眩しいので、サングラスをして見ている。

一面の砂漠の中、ホームも何もない駅でとまった。

列車から降りた乗客が数人、砂丘の線路づたいに夕陽に向かって歩いてゆく。列車が走り出すと、ふり返って手を振ってよこした。彼らのゆくてには、あと2センチほどで地面にくっつきそうな、でっかいでっかい太陽がある。

陽が沈んだら、通路に人はいなくなった。

トイレのある通路の窓から眺めていた川原さんが、興奮気味にやってくる。

川「私、地平線に沈む夕陽を、生まれてはじめて見た！　今、道路があったでしょ。空の上から見えていたまっすぐに伸びた線は、あれかも！」

9時半に目をつぶる。時々、びっくりするほど大きく揺れるので、乗り物酔いの薬を飲んで寝た。

6月7日（金）晴れ

とろとろと目が覚めると、まだ砂漠なのだった。きのうとまったく同じ景色の中をひた走っている。窓を閉めて寝ていたのに、テーブルもシーツもなんとなしに砂でじゃりじゃりしている。喉もカラカラ。よっぽど乾燥しているのだ。

川原さんはとっくに起きていて、待ちかまえていたように私に話してきかせる。

ゆうべ怖い夢をみて、ハッと目が覚めたら、窓の外が満天の星空だった。窓のいちばん下の方には、草も何もない砂漠があるのが、列車の灯りで見えた。あとは、すべてが白い点々の星だらけ。黒い空よりも星の方が多いくらいで、水疱瘡のようだった。それで窓の真ん中あたりには、ワーッと天の川が見えていた。まるでプラネタリウムの天井みたいに、地球が球体になっているのがよく分かった、とのこと。

川「高山さんを起こそうかどうしようか、すごく迷ったんだけど、ぐっすり眠っているみたいだったし、ここで起こしたら、また眠れなくなるといけないなと思って。でも本当に、これこそが『犬が星見た』だ！　って思った」

怖い夢というのは、かつてないくらいの台風の中を列車が走っている夢をみていたそう。「かつてないくらいの」と、川原さんは何度も言う。その言いまわしが、日本語でないように聞こえ、ふたりして大笑いする。

「かつて味わったことがないくらいの大嵐の中を、この列車がつき進んでいて、線路を踏みはずしたんじゃないかというくらい、あっちこっちに揺れるし、ガッタンと大きな音もして、大丈夫なんだろうかと思って、怖くて目が覚めたら、満天の星だった」と、またはじめから川原さんは、真面目な顔をして言った。

トイレで顔を洗い、身支度をする。

車両についているサモワールのお湯を、水筒に移し入れる。茶色がかった水のようだけどかまわずに注いでいたら、フランス人の女たちがペットボトルを手に手に部屋から出てきた。「この水、飲めたのね？」という顔をして。みんな水不足だった様子。私もそうだけど、列車の中がここまで乾燥しているとは思わなかった。

6時10分、ナヴォイ駅に停車。

あと1時間あまりでブハラに着くと、2等車両に乗っていたサリマさんが伝えにきてくれた。サリマさんは、気の毒なくらいに、気遣いを見せてくれるようになった。

私はこの日記を、桃の味のするプラムを食べながら書いている。サリマさんは「杏」と言っていたけれど、プラムのような味がする。

さっきまで砂漠だったのが、いつの間にか畑の中を走っている。

茶色い牛を放牧させている男、ペラペラとした紙のようなのを砂の上につき立てた、お墓らしき集まり。

ヒヴァのバザールで買った干しぶどうをつまみながら、そんな景色を飽きずに眺める。

ウズベキスタンの人たちは、何杯もお茶をおかわりしながら、こういうものばかりつまんで、野菜はあまり食べないようだ。干しぶどうもナッツもミネラルやビタミンが豊富なのだから、これで充分に栄養がとれているのだ。そんなことを思いながら、私も干しぶどうをつまんでいる。

3　ブハラ

7時15分、ブハラ駅に着いた。同じ車両に乗り合わせていたフランス人グループのおじさんが、私たちのスーツケースも下ろしてくれる。

降りてみると、目の前に長い長い列車が停まっている。駅の出口はその向こうにあるらしい。私たちはまたタラップを上り、列車の入り口から出口へ渡って、線路の向こう側へと降りた。その間、スーツケースの上げ下げは、おじさんたちが流れ作業でやってくれた。奥さん連中（さっき、サモワールのお湯を入れにきていた人たち。たぶん私たちよりもひとまわり年配）もみな、笑顔でくったくがない。お先にどうぞとゆずってくださる。

車でホテルまでゆく。この街はどんなところだろう。分かっているのはヒヴァとは違うようだということだけ。土壁の家はところどころに見えるけど、コンクリートの建物もある。大通りには車が行き交い、女たちの服装も現代的だ。

ホテルに着いてすぐに朝食。玄関から続くテラスのようなところで食べる。すでに3組ほどの旅行者たちが食べている。さっきフロントにいた男の人が、料理を運んでくれる。この人はとても感じがよく、映画俳優のように低く響く声をしている。

フレンチトースト（トマトの薄切りが3枚、花びらのようにパンの間に並べられ、真ん中にはきゅうりの輪切りが1枚のせてある）、サラミソーセージ風のハム、チーズ、ヨーグルト、ナン（このはふっくらと膨らみがあり、ピザみたいに切り分けてある）、フルーツ（サクランボ、白っぽいプラム、小さいりんご）、赤と黄色の甘ったるいジャム2種（何の果物でできているのか分からないような味）。どれも白いお皿にしゃれた感じに盛られている。

川原さんがシャワーを浴びている間、私はベッドにごろんと横になる。

ヒヴァのホテルは、昔の神学校をそのままいかした頑丈な造りだったけど、ここは表面だけをそれ風にしてあるみたい。新しく清潔で、バスタブには栓もあるし、お湯も出る。文句を言っては申しわけないのだけれど、ヒヴァがあまりに素晴らしかったから、どうしても比べてしまう。

私がシャワーを浴びている間に、フロントのおじさんがやって来たんだそう。中庭（6畳ほどのレンガ敷きに、小さなポプラの木が1本植わっている）に面しているから、川原さんも私も窓の外にせいせいと洗濯物を干していた。ヒヴァのときみたいに。それを、とても言いにくそうに注意していったそうだ。

「洗濯物はできるだけ中で干すように。あと、室内の様子が見えるとほかのお客さんたちの迷惑になるので、鎧戸も閉め加減にしておいてください」とのこと。

川「おじさんはいい人なんだけど、眼鏡をかけた家庭教師みたいな女の人が後ろに立っていて、多分マネージャーか何かだと思うけど、その人に言わされてる感じだった。『ハイジ』に出てくる、えーと、何て名前だっけ、あの怖いおばさん」

私「ロッテンマイヤーさん」

川「そうそう！　そっくりだったよ」

　川原さんはおじさんの声のことを「ムード歌謡を歌っている人みたい」と言った。顔も仕草も紳士的なおじさん。遠くで喋っているのを聞いていると、フランス語のようにも聞こえてくる。

11時から3時まで昼寝。クーラーをつけて寝る。

　3時半ごろ、中庭のベンチでコーヒーを飲みながら日記を書いていたら、おじさんがやってきた。「ここは砂漠の中だから、今の時間に外を歩いたら、のどが焼けついてしまう」と、身振り手振りを交えた流暢な英語で教えてくれる。外はまだまだ炎天下、45度もあるのだそう。「マダーム、ですから、今はここでこうしているのがいちばんです。コーヒーのおかわりはいかがですか？」。川原さんが世界地図で確かめると、ブハラは細かい点々の集まり（砂漠の印）の中にあるという。そうか、ここは砂漠の中の街なのか。どうりでさっき口を開けて寝ていたら、あっという間にのどがはりついたはずだ。

　別のホテルに宿をとっていたサリマさんが、私たちの様子をみがてら両替しにきてくれた。20ドルをスム紙幣に替える。サリマさんの眉毛は、朝見たときとずいぶん違っている。くっきりと剃り上げられ、隙間なく真っ黒。美容院でやってもらったそう。

サ「ウズベキスタンの場合は、結婚をしている女の人はマヨゲをこうして染めるのです。私はあまり好きではありませんが、決まりなのでやらなくてはなりません」

少しだけ涼しくなってきたので、5時前に川原さんと散歩に出た。

ホテルの前の道は灰色で埃っぽく、ところどころえぐれたようになっている。ここらはあまり雨は降らないかもしれないけれど、水たまりができたら、歩きにくそうだ。

そのまま路地裏の小道をゆく。土壁の家も、上が土で下だけレンガ造りの建物も、ただの塀のよう。窓はあるにはあるが、壁をくり抜いたようなそっけないもので、カーテンもほとんどかかっていない。

崩れ落ちそうな泥の小屋は、雑貨屋さんだろうか。色とりどりのお菓子の袋や、シャンプーや歯磨き粉などがところせましと並べられている。ゆがんだガラス窓に顔を近づけ覗いていたら、奥の暗がりからおじいさんが出てきた。煮しめたような茶色いシャツと同じ色をした、びっくりするほど皺だらけの、愛嬌たっぷりな顔。

オリーブ色の葉を茂らせた、見上げるほどの大木が5本ばかり集まっている広場に出た。日陰の縁台に座り込み、立て膝でお茶を飲んでいるのはおばあさんだろうか、おじいさんだろうか。まわりが明るすぎてよく見えない。

まだまだ陽は落ちそうにない。私たちはのろのろ歩く。陽が照っているところとそうでないところの差は、20度くらいあるような気がする。筋肉痛（きのう、ヒヴァでいちばん高い塔に登ったため）で早く歩けないこともあるけれど、この暑さの中を急ぐのは、人体にとって致命的な感じがする。

水を飲みのみ、日陰を探しながら歩いているうちに、観光地らしい通りに出る。あっけなくリヤビ・ハウズ（オアシスの池）に着いてしまった。

　土産物屋が並んでいる広場で、川原さんがスカーフを選んでいる。陽よけになる薄手のスカーフがほしいような気がして、私もなんとなしに見てまわる。店番の太ったおばさんは英語が話せる。私の顔を覗き込むようにして、ブラウスがハンドメイドかどうか聞いてくる。私は袖口を裏返し、刺繍が手作業であること（私がやったのではなく、中古品を買ったらたまたまそうだった）を見せびらかす。「オー、ハンドメーイド！」と叫びながら、声とは反対のとてもやさしい手つきで刺繍の裏側を撫でた。

　池の畔《ほとり》に建っている美術館らしきところも覗いてみる。ドイツ人らしきグループが、ガイドさんから説明を受けていた。土産物屋のスカーフも、コテコテと派手な色が塗り重ねられた陶器も、美術館にあった金色の額縁の絵も、すべてがいい加減でウソくさく、紛《まが》い物の匂いがする。けれども私はあんがいここが好き。

　リヤビ・ハウズの「青みどろ」の池に、のったりとした夕陽が映っている。

この池は百合子さんが見たままだろうか。それとも、あのころよりもっと淀んでいるだろうか。木陰のテーブルを選んで私たちも腰かける。赤いネクタイをした眉毛の濃いボーイさんが、テーブルに寄りかかって爪を噛んでいる。手を上げて呼び、グリーンティーとアイスクリームをたのんだ。

　池のまわりはプールサイドのようになっていて、白いクロスのテーブル席と、公園の塀の側には空っぽの縁台が並んでいる。畳1枚半ほどの縁台の上にも、白いクロスの食卓がある。

つきあたりの小さなステージで、白シャツの袖をめくり上げたノッポの男が歌いはじめた。ムード歌謡にラテン音楽を混ぜたような歌。日本の民謡も、少し混じっているような。

「アーーン、アン、アン、アーーン」

糸を引くような男の甘い歌声が、生ぬるい空気に鳴り響く。

アイスクリームは、黄色（バナナ）、茶色（チョコ）、ピンク（何の味か分からぬ）の3種類が2個ずつ、月見だんごのようにこんもり盛り上げられている。溶けてしまうのがいやなので、私は急いで食べる。川原さんはスケッチブックを広げて絵を描きながら、ゆっくり食べている。

ネクタイをしめずに首にブラさげている少年が、池の淀んだ水をプラスチックのジョウロですくっては、石畳にまいている。

カラオケの『500マイル』がかかった。歌のない曲がはじまったら、いくらか涼しくなった。

なんだかここは、「いせや（吉祥寺の焼き鳥屋さん）」に似ているな。ぬるいビールでもちびちびやりたい気のぬけた夕方だ。さっきのボーイさんを呼んで、ふたりで1本だけたのむ。

長椅子に足を投げ出し、私はビールを飲みながら、日記を書いている。

いかにも新しそうなレンガ造りの2階建てから、ごちそうを盛り上げた銀色のお盆を掲げ、ボーイさんたちがときおり階段を降りてくる。百合子さんの時代には、池の端で大釜が煮え立っていたようだけれど、今はもうない。まだ暇な時間なのか、エプロンをしたおばさんが手すりに寄りかかって、ぼんやり池を眺めている。

池のまわりで食事をしているのは、ほとんどがウズベク人の男たち。男どうしで頭をつき合わせ、お茶を飲みながら神妙な顔で話しているけれど、きっと大事な話なんかじゃない気がする。

向こう岸にはラクダの像が3頭、チョコレートでできているみたいにテラテラと茶色く光っている。コブの間にまたがって記念撮影をしているカップル。大木の根もとに腰を下ろし、釣り糸を垂らしている男。その後ろを、膨らんだビニール袋をふたつ、ハンドルにぶら下げた男が、自転車をひいてゆっくりと通り過ぎた。

レストランの予約は7時半なので、時間がくるまでのんびりと待っている。川原さんは、まだ絵を描いている。

太陽がずいぶん下りてきた。池の水に触れそうにしなだれかかっている大柳。柳の木は、百年生きるだろうか。濃い緑の葉から透けるこんなふうな陽の光を、百合子さんたちも見たろうか。

「サーーアン、アーーン、アン、アン」また男の歌がはじまった。これ以上ここにいたら、脳みそがアイスクリームのように溶けてしまう。

すると、何の前ぶれもなく噴水が吹き出した。池のまわりから中央に向かって水しぶきを上げている。ところどころ穴がつまっているようだけど、これでずいぶん涼しくなった。魚釣りのおじさんは身動きもせず、同じところに座ったまま。

7時半、レストランで夕食。屋上に通される。

とてもいい眺め。このレストランは、さっき通った広場（オリーブ色の葉を茂らせた大木が5本集まっているところ）に面しているのだった。木陰の縁台には、男がひとり増えている。

私も川原さんも、モスクの向こうへ今にも沈もうとしている夕陽の写真を撮った。

フレッシュサラダ（トマト、きゅうり、オニオンスライス、香菜、味つけは塩とレモン汁のみ）、ビーンズサラダ（うずら豆を少量の玉ねぎで炒めてある温サラダ）、マンティ（ウズベク風の蒸し饅頭。肉は粗く切ってあり、玉ねぎとクミンシード入り、ヨーグルトのソースをかけて食べる。皮はワンタンのように薄く、かぶりつくと肉汁が出てきた）、ウズベク風ピラフ（細切りにんじんがたっぷり炊き込まれ、刻んだディルと香菜が、皿のまわりにしゃれた感じでふりかけてある。クミンシード、ところどころに黄色いお米が混じっている。油っこいけれどほんのり甘みがあってとてもおいしい）、ガス入りの水、食後のコーヒー。

食べているうちに、私のお腹はピーピーとなる。

トイレから出しなに、扉の前にいたウエイトレスの少女とはち合わせになり、笑われてしまう。きっとお腹を下している音が聞こえたんだな。

帰り道は真っ暗。懐中電灯を部屋に置き忘れてきたことを後悔するが、川原さんが道を覚えておいてくれたおかげで、迷わずに帰ることができた。

湯船にお湯をためてゆっくり浸かり、腹巻きをして寝る。気持ちは元気なので薬は飲まない。

10時45分に寝る。

6月8日（土）晴れ

6時に起きた。眠りは浅かったけど、このままいつまでも寝ていられるような感じ。

窓を開けられないので、ゆうべはクーラーをつけなければならなかった。ヒヴァのホテルはレンガと泥でできていて、洞窟のように涼しかったなあ。

7時に朝ごはん。

今朝はフレンチトーストではない。ロシアで食べたような薄いパンケーキ（三角形に折りたたんだもの）が3枚、粉砂糖がふりかけてある）、あとはきのうと同じナンに、ソーセージ、チーズ、フルーツ（サクランボ、プラム、りんごを切ったもの）。

ナンひと切れとフルーツ、パンケーキを1枚だけ食べる。ここのヨーグルトはサラッとしている。とてもおいしい。

部屋に戻るなりまたピーピー。サリマさんが8時に迎えにきてくれることになっているけれど、大事をとって、午前の見学は休むことにする。川原さんだけ出かけていった。

「赤玉はら薬」を飲んで横になる。私はこの暑さと暴飲暴食にやられたのだな。ウズベキスタンの料理はどれも油っこいのに、いい気になってシャシリク（肉だんご）をパンにはさんだのや、肉饅頭やらピラフやら、冷たいアイスクリームまで食べたのだ。明日はいよいよ砂漠の中の包《パオ》に泊まるんだし、車の移動も4時間近くかかるのだから、それまでにお腹を治しておかなければ。今日は一日、食べ物に気をつけよう。

ドアがノックされ、控えめな感じの痩せた女の人がタオルを取り替えにきた。トイレットペーパーを余分にもらう。チャイ（グリーンティー）もたのむ。

この女の人はきのうキッチンにいたきれいな人だ。英語は通じないけれど、「スパシーバ」「チャイ」「ペーパー」だけでちゃんと伝わる。彼女のウズベク語はもちろん聞きとれないのだけど、すぐには分からなくても、「タオルを置いてきたら、すぐにペーパーを届けにきます」と言ったのだなとあとで分かる（そういう行動をしているから）。

お互いの気持ちは、言葉が通じないくらいの方がよく伝わるような気がする。

ヒヴァでは、お隣のドイツ人に私の英語がまったく伝わらなかった。それは言葉（記号としての）に気をとられるあまり、気持ちを探ることをしないからだろうか。川原さんみたいに文章として話せれば、記号を越えたちゃんとした言葉になるのかな。

聾者のキララとは、言葉がなくてもうんと豊かな会話ができた。私たちが交わしたのは、お互いの名前と家族の名前、国籍と料理名くらいだ。本当は、単語ひとつの中にも、大切なことがいっぱい詰まっている。声の出し方、口の開き方、体の動かし方、表情……ああいやだ、キララのことを思い出したら涙が出てきた。キララの赤いサンダルは、はきつぶされ、汚れた素足の小さな爪の中にまで泥が入りこんでいた。

熱いチャイがとてもおいしい。私はとろとろと眠ったり、日記を書いたりして過ごす。

そういえば、リヤビ・ハウズのまわりは道路が鋪装され、道幅も広々としていた。あそこはウズベク人の家族連れやカップルたちが、遠方からでも遊びにくるようなところかもしれない。熱海や鎌倉みたいに。土産物屋が並んで、そこだけいつも賑やかな灯りに照らされているけれど、一歩路地を入ると、泥レンガの家も、ガタガタ道も、大木の日陰の縁台も、遥か昔から変らない暮らしがある、そんなところ。

川原さんは昼過ぎに帰ってきた。ビスケットを買ってきてくれた。サリマさんと車に乗って、有名な王様のお墓やお城、結婚式の衣装を売っている店などに行ったそうだ。ビスケットは大切にとっておき、何も食べずにまた眠る。

5時ごろ、フロントにたのんでお湯をもらい、日本から持ってきたしょうが湯の粉をお湯に溶かして飲んだ。とてもとてもおいしい。お腹にしみわたる。

外の気温が少し下がってきたので、川原さんは散歩にいった。

私はお風呂に浸かり、また眠る。しょうが湯を持ってきてほんとによかったな。2袋を4回に分けて大切に飲んだ。あとは何も食べない。

寝たり起きたりしているうちに、川原さんが帰ってきた。きのうのレストランへまた行ったそうだ。きのうと同じトマトときゅうりのサラダと、ヌードルスープ。透き通ったスープはあっさりとやさしい味で、とてもおいしかったそう。

夕食前には、リャビ・ハウズの裏手あたりも散策したらしい。手押し車にのせて丸いパンを売っているおじさん、路地裏で遊んでいる子どもたち、木陰の縁台を囲み、いつまでもゲームに興じていた暇そうな男たち。私はベッドに横たわり、カメラの写真を見せてもらいながら、川原さんの話を聞いている。

私のお腹は、少しずつよくなってきているみたい。もう出るものが何もなくなったのかも。

10時半に寝る。

4　砂漠へ

6月9日（日）晴れ

目覚まし時計が鳴って、6時半に起きた。

7時半に朝ごはん。

今朝は生地をグルグル丸めた、小さなパンのようなものが3つ出た。りんごの煮たのがはさまっていて、やさしい甘み。半分だけ食べる。あとはヨーグルトとナンを半切れ。ナンにはバターを塗らず、ハムもチーズも食べない。

お腹はまだ少し下しているけれど、8時半にホテルを出る。きのう川原さんが行ったスザニ（手刺繍の布）屋のある、ドーム型天井のバザールを見てまわった。川原さんは泥染めのスカーフ、私はナンに押す飾り用スタンプ（くるみの木をくり抜いたものに、花や星を象《かたど》った針が剣山のように刺さっている）を買った。大中小を合わせて11ドルにまけてもらう（この店ではドル紙幣が使えた）。

帰り道で歌声が聞こえてきた。民族衣装を纏った大柄なおばさんが、観光客や地元の人たちに囲まれて歌っている。土着の匂いのする、いかにも堂々とした迫力のある声なのだけど、どういうわけだか私の心には響かない。ヒヴァのシャシリク屋でタイコが聞こえてきたときには、あんなにドキドキしたのに。

チェックアウトを済ませ、10時半に砂漠へ出発。車中での暑さ対策のために、きのうからホテルの冷凍庫で凍らせてもらっていたペットボトルを持ってゆく。

陽射しが強烈なので、私も川原さんも自分の窓にスカーフの端をはさんで覆い、凍らせたペットボトルで首の後ろやおでこを冷やし、暑さをしのいでいる。運転席の窓から風が入ってくるから、クーラーをつけなくてもあんがい平気。

スカーフの端をめくって景色を眺める。綿花畑で腰を折り曲げ働く男たち、道ばたで杏やプラムを売っている女。痩せた女も太った女も、体の線を隠すようなたっぷりとしたワンピースにズボンをはいている。ヒヴァとはスカートのシルエットが違うけど、風に膨らむワンピースもまた、コバルトの空によく似合っている。

畑にはさまれたポプラ並木をひた走る。家々は泥の壁から、白っぽい漆喰壁に変った。

サ「オッテライ（お手洗い）は、大丈夫ですか？」

店なのかガレージなのか分からないような、飲み物の冷蔵庫がひとつだけ置いてあるところでトイレを借りる。少年がひとり、コーラの空き箱に腰かけて店番をしていた。裏にまわると菜園になっていて、小川のせせらぎの近くに杏の木が茂っている。小さなりんごも実っている。木の塀で囲われた、ただの板を渡しただけのトイレ。扉もついていないけど、私はあまり驚かない。川原さんと順番に用を足した。

サリマさんとお喋りをしている運転手さんのウズベク語は、キアロスタミの映画のよう。そういえば、『桜桃の味』にこんなおじさんが出てきたような気がする。

しばらく走って車が止まったのは、レンガ造りの小さな建物。雨水をためていた遺跡だそう。大昔、ラクダで旅をしていた人たちが、ここの水を大切に飲んでいた。だだっ広い道路の向こう側にぽつんとあるのは、キャラバンが泊まったホテルの門の跡だという。有名なものだそうだけど、あまりありがたいようには見えない。ずいぶん遠くから、運転手さんが空き地を横切って、ゆっくりと戻ってきた。青空トイレをしにいったのだと思う。

水を買いに寄ったのは、日用品が何でも揃ったこぢんまりとしたスーパー。ここの水は街で買うよりうんと安い。5リットル入りがふたつで4000スム（約200円）だ。段ボール箱に並べられたいろいろな模様のビスケット（ビニールをかぶせてある）、色とりどりのキャンディー、果物のジュース、豆の缶詰、果物のビン詰め、米、粉、豆（ひよこ豆、黄色のムング豆、緑のムング豆）、乾麺もいろいろある。ひまわりオイル、トマトソース、ビール、シャンプー、石鹼、歯磨き粉。冷蔵庫には、肉づきのいいおばさんの二の腕ほどもあるハムやソーセージ、いろんなパッケージのバターに、チーズ、ヨーグルト、チョコレートも冷やしてある。アイスクリームも冷凍庫にぎっしり詰まっているけれど、今はガマン。四角いパンは、金属の頑丈そうなラックに立てて並べてある。ロシアの市場でもこんなふうに縦にしてあった。硬めに焼いてあるからだろうか。上の段のガラスケースには、お盆のような丸いパンが重ねてある。野菜はトマト、じゃがいも、玉ねぎくらいしかない。

裏のトイレを借りる。ここのはむき出しのコンクリートの床に、四角い穴がくり抜いてあるだけ。しゃがんでいたら男の人の声が聞こえてきたので、慌てて扉を閉めた。

上半身裸の男がふたり、目の前の川に入り、魚を追い込んでいる。川幅は3メートルほどで水が濁っている。ゴミも浮いている。魚などいるんだろうか。「フィッシュ?」と聞きながら、私は魚の姿を手で作り、泳いでいる仕草をして見せる。「うんそうだ」と、首だけ振る男。もういちど聞いたら、同じようにまた振ってくれた。しばし見物する。けっきょく魚を見ることはできなかったけど、私は満足して車に乗り込んだ。

2時間近く走っただろうか。あんまり暑いので、途中からクーラーを入れてもらう。

気づけば砂漠の中の一本道を走っている。遠くの方に、砂漠と同じ色の小高い丘のような山が見える。きのうだったか、あれ? おとといだったっけ。列車の窓から見えたのも、こんな景色のところだった。

木でできたノッポの電信柱が立っているほかには何もない。車ともすれちがわない。あとは、青い空ばかり。脇道のところどころに薄紫のアザミの花が咲いていた。花の根もとの膨らみも、ギザギザの硬そうな葉も茎も、すべてが巨大。

サ「日本ではアザミといいますか? ウズベク語ではブタクサといって、『子どものラクダの目』という意味があります」

ディルヴァラック村というところを越えたら、ガタガタ道になった。車底に小石のぶつかる音がする中、スピードを落として進む。すると、むわーっと暑くなる（この運転手さんは、ガタガタ道に入るとクーラーを止めることが、あとで分かった）。砂埃が入ってくるので窓を開けられないけれど、百合子さんたちがマイクロバスで砂漠へ向かったのも、こんな悪路だったかもしれない。

ヌラタの街は、レンガと泥でできた家々。街を通り過ぎると、すぐにまた砂漠になった。

牛と羊を放牧している少年がこちらを見ている。手を振ると、振り返してくれる。運転手さんは窓を開けて少年に呼びかけ、ペットボトルの水を1本あげていた。

しばらく走ると、アイダルクル湖が一瞬だけ見えた。青とも緑とも群青ともいえない、思いもつかないような色だった。

サ「あとで、湖に泳ぎにこようと、運転手さんが言っています」

2時少し前に、ようやくキャンプ地に着いた。砂の中にモンゴルの包のようなドーム型の白いテントが見える。

車から降りると、いきなり熱風にさらされた。上からも下からも、ものすごい熱がくるので息ができない。ここでは帽子など役に立たない。スカーフを頭からかぶって顔に巻きつけ、急いで食堂のある小屋に避難した。

従業員のお兄さんは、ビニールのランチョンマットを、雑巾のように茶色くなった布で一枚一枚拭いている。メニューも拭いている。きっと、拭いても拭いてもすぐに砂をかぶってしまうんだろう。小屋の中も涼しいわけではないけれど、灼熱地獄の外よりは、ずっと過ごしやすい。

食卓にランチョンマットが敷かれると、レーズン、ナッツ（ひよこ豆を揚げたもの、砂糖をまぶしたピーナッツ）、キャンディーを盛った小皿が運ばれた。ふっくらとしたナンは、薄く切り込みが入れられ、紙ナフキンを敷いた針金のカゴにのっている。

サリマさんも運転手さんも、ポットのお茶を茶碗に少しだけ注ぎ、ぐるっと回していちどゆすいでから砂の上にあけ、新しく注いでいた。砂漠で飲む熱いお茶は、なんておいしいんだろう。グリーンティーもブラックティーも、どちらもとてもおいしい。そういえば昔、『砂漠でお茶を』という歌があったような、なかったような。

奥の厨房では昼ごはんを支度している。さて、何が出てくるのだろう。

お昼を食べたらひと休みして、アイダルクル湖に泳ぎにいこうと運転手さんにまた誘われる。お腹の調子は落ち着いているけれど、私は少しくたびれたかも。

お茶をおかわりしながら、ナッツ（ひよこ豆を油で揚げたのが、香ばしくとてもおいしい。これは消化がいいから、お腹を壊している私でもいくらでも食べてよいのだそう）やレーズンをつまむ。「グリーンティーもおいしいけど、ブラックティー（プーアール茶に似た感じの紅茶）の方が砂漠で飲むには合っている気がするね」などと、川原さんと話しているうちに、昼食のお皿が運ばれてきた。

サラダ（ところどころ皮をむいて、斜め切りにされたきゅうりと、乱切りのトマト。自分たちで塩をふりかけて食べるようになっている）、フライドフィッシュ（アイダルクル湖にいる大きな魚を骨ごとぶつ切りにしてある）＆とうもろこしのプロフ（うっすらとターメリックの色がついている炊き込みご飯）＆フライドポテトの一皿盛り。

サ「運転手さんが、『あんたはきゅうりとトマトは食べてはダメ。魚も食べてはダメ。ドライフルーツをひとりでぜんぶ食べなさい』と、高山さんに言っています」

彼の話の中には、たいてい冗談が混じっている。表情を変えずに、おもしろいことを言っているらしい。サリマさんはいつも笑いながら受け答えをしている。運転手さんは、おもむろに私のお皿をとり上げると、魚をよけるよう従業員のお兄さんに伝えた。

戻ってきたお皿の上には、とうもろこしのプロフにフライドポテトだけ。油で揚げてあっても、じゃがいもだったら食べていいのだそう。本当は、ほんのちょっとだけでも魚の味見をしてみたかったのに。

食べられないものがたくさんあるので、川原さんがどんな味なのかひとつひとつ教えてくれる。

川「ブハラで食べたのよりも、ここのトマトはより甘い気がする。魚はタイみたい。白身であっさりしてる」

私はプロフにひよこ豆とレーズンをのせ、ゆっくりと嚙んで食べた。もち米のようでとてもおいしい。油もそれほど多くなく、やさしい塩味。

昼食を食べ終わると、再び灼熱地獄の砂の上を包（ユルタと呼ぶのだそう）に向かって歩いた。体ごと熱風にさらされるので、スカーフを広げて頭からすっぽりかぶり、上半身に巻きつけ下を向いて一歩一歩進む。帽子にサングラス、空いた肌のところはスカーフでおおった。それでも、着いたときよりは楽に息ができるようになったと感じるのは、太陽が少し傾いたせいなのか、それとも、私たちの体が砂漠に慣れたのか。

　ユルタの中はとても広々として、赤い絨毯が敷き詰められていた。1軒というのか、1棟というのかな。とにかくこの15畳ほどの丸い部屋と、中にあるすべてのものは私たちふたりの貸し切りだ。布団は、花模様のかわいらしいのが、10組分くらい積み重ねてある。シーツもバスタオルもちゃんと洗濯されていて、太陽の匂いがする。スーツケースや水のタンクも、ホテルみたいにすでに運び込まれていた。

　百合子さんたちが44年前に行ったのは、ブハラの西にある、海のように広大な砂漠だった。そこではカザフ族（蒙古系）の家族が、包で生活していたのだけど、今はもう政府の方針とかで、遊牧民自体がいなくなってしまったのだと、東京の旅行社の人が言っていた。

　私たちが今いるところは、観光客用に設けられた砂漠の中のキャンプ地だ。校庭をふたつ合わせたくらいの砂地に、白いユルタがぽつんぽつんと建っている。少し歩けば、清潔な水洗トイレもシャワー室もある。でも、ガイド書で想像していたよりは、人の手が加えられてないような気がする。

　サリマさんが覗きにきた。

「今日は、ほかのお客さんたちは誰もいません。私のユルタは、おふたりのところからチョト離れた隣にあります。運転手さんは、私の隣のユルタに泊まります。ひとりきりで広い部屋に泊まるので、チョトダケ怖いです」と言いおき、シャワーを浴びにいった。

　隅にたたんであるせんべい布団を敷いて、川原さんとゴロゴロする。

　はじめは明るい方で寝転んでいたのだけど、暑くていたたまれず、すぐに日陰に移動する。布団はいくらでもあるので、また別のを敷いて寝転んだ。

入り口の戸を開けておけば、ぬるく、強い風が吹いてくる。

じっとしているだけで汗が噴き出してくるけれど、外よりはずっとまし。日本から持ってきた塩をなめなめ、お茶を飲んだ。

そうそう、ここに着いたばかりのこと。モンゴル系の顔をした男の人と、彫りの深い顔つきのヒゲの男のふたりが、私たちを出迎えてくれたのだけど、もうひとりのお兄さん（この人が料理を運んでくれた）は、半袖シャツに片腕を通しながら、慌てた様子で出てきた。シャツの下には、砂で茶色く染まったようなランニングシャツ。髪の毛は寝ぐせがつき、今のいままで昼寝をしていました、という顔をして。

目覚まし時計を出そうとして、枕もとのスーツケースが置いてあるところまで歩くのだけど、2、3歩歩くその間に、もう何をしにきたのか忘れている。

ここではものが考えられない。だけども、ぼんやりと寝そべっているようでいて、頭の中では雄大な考えがのたくっているような気もする。

5分おきに水分を補充しないと、のどの上の方までカラカラになる。寝そべったまま顔だけ横に倒し、ペットボトルの水を飲むのが、私はずいぶんうまくなった。

川原さんは、私とは逆の側に枕を置いて腹ばいになり、日記をつけている。ちゃんとした字で書いている。私のはめちゃくちゃな走り書き。急いで書かないと、何を書こうとしていたのか忘れてしまいそうなので。文法も何もかもめちゃくちゃで、小学1年生みたいな字しか書けない。

夕方5時ごろ、アイダルクル湖に泳ぎにいった。

私はスミレ柄のズロース（ヒヴァの市場の下着屋で買った）と、タンクトップ。川原さんは下着のパンツにタンクトップで泳いだ。

運転手さんは赤い海水パンツ。私たちからずいぶん遠く離れたところで着替え、泳いでいた。

サリマさんは生理がはじまってしまったそうで、砂浜に座って、私たちが泳ぐのを眩しそうに眺めていた。

サリマさんの後ろには、サクソール（百合子さんが『犬が星見た』の中で、〃すぎなを大きくしたような灌木に似た草〃と書いていた）が生えていた。紫がかったうす桃色の、ホワホワとしたかわいらしい花がついていた。トゲがあって具合がいいので、私たちはそこにタオルやら脱いだ服やらをかけた。これで、風に飛ばされることもない。

ヒヴァで買った私のワンピースは、うぐいす色に海老茶を混ぜたような色。胸もとに光った糸で刺繍がしてある。湖の中から顔だけ出して見ると、黄土一色の砂漠の景色に、とてもよく似合っている。

遠浅の湖の水は少ししょっぱかった。のったりとまとわりつく、冷たくも温かくもない水。仰向けになって浮かんだり、立ち泳ぎをしたり。頭を傾けると、西陽が反射した水面がいつまでも光っていた。キラキラキラキラ。

湖から帰ると、モンゴル顔の従業員の家族が、ユルタを建てていた。

よく陽に焼けてひきしまった体つきの女の人がお母さんらしく、場をとりしきっている。豹柄ス

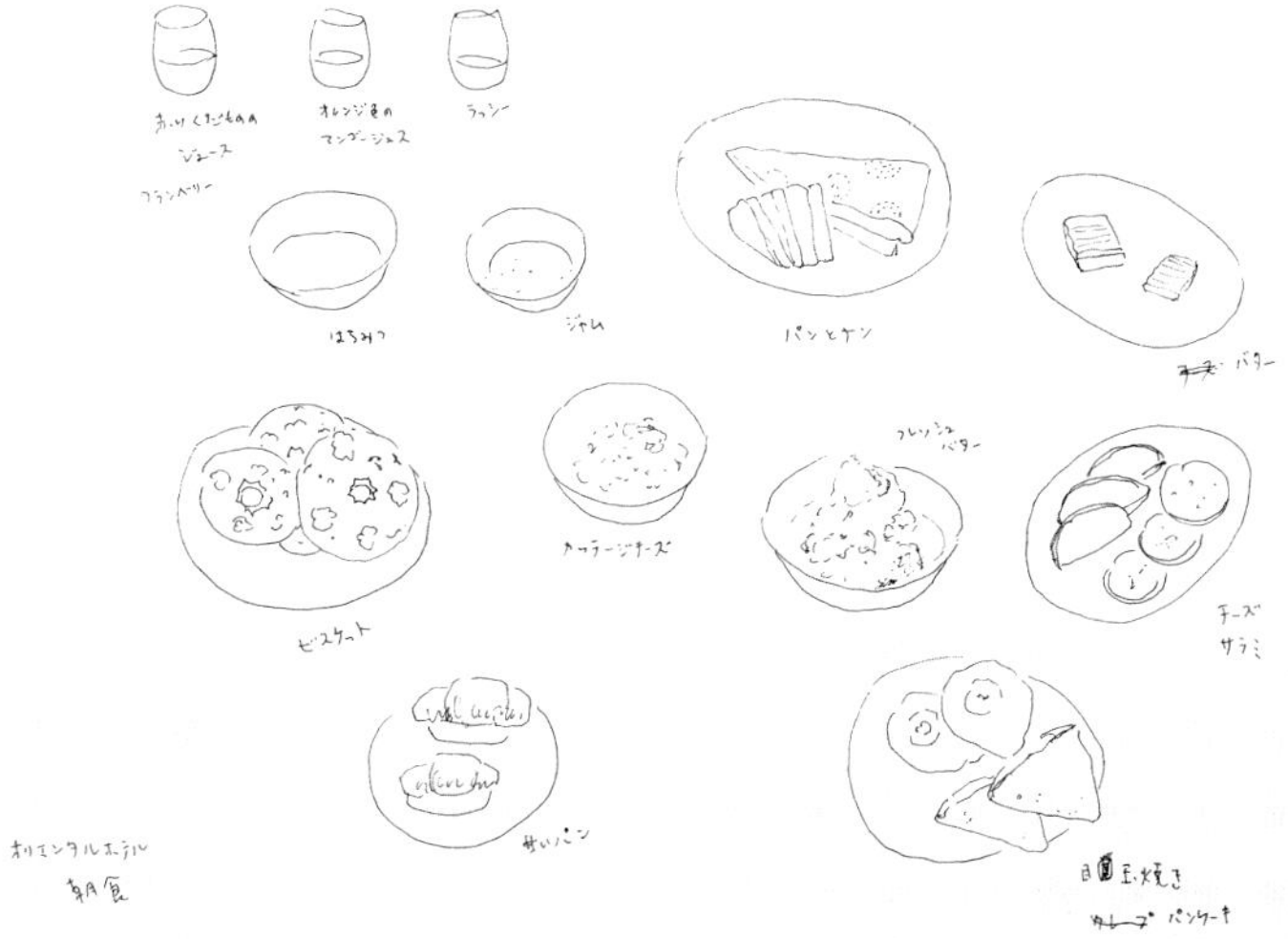

オレンジ色の
マンゴージュス
ラッシー
クランベリー
はちみつ
ジャム
パンとナン
バター
フレッシュ
バター
ビスケット
カッテージチーズ
チーズ
サラミ
甘いパン
目玉焼き
パンケーキ
オリエンタルホテル
朝食

ラビハウス

ウズベキ帽のおじいさん

セラフシャン ホテル

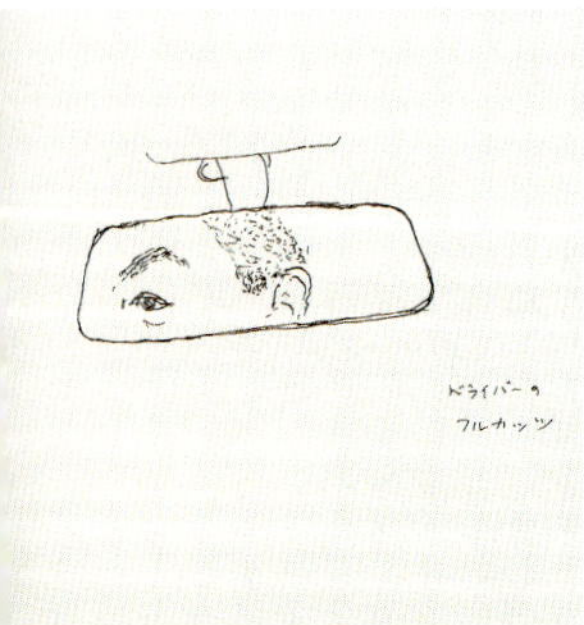
ドライバーの
フルカッツ

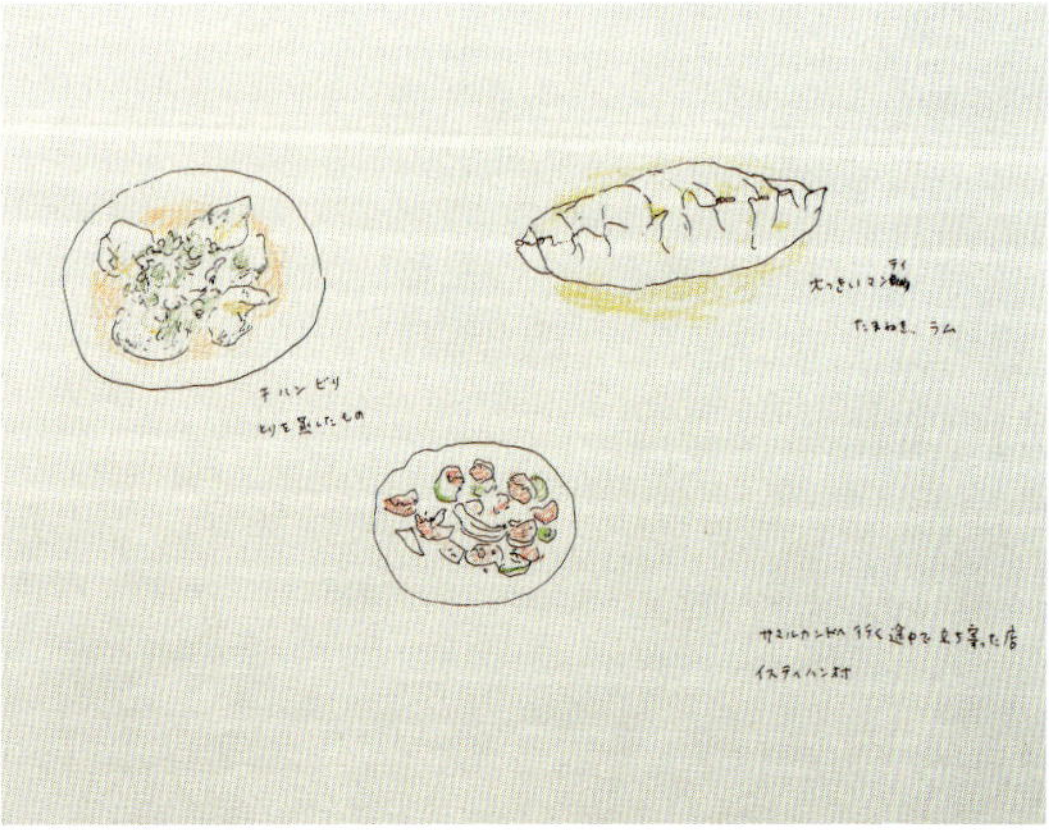
大っきいマン餅《ティ》
たまねぎ、ラム
チハンビリ
ビリを蒸したもの
サマルカンドへ行く途中で立ち寄った店
イスティハン村

ショイバザール
サマルカンド

ユルタの朝

ウズベクの土産

ウズベキスタンホテルの窓から

小麦粉小屋
ダルバン村

Terracotta medallions
I-II A.D. Surkhandaria region

Clay images of a man. XV-XII century BC.
Djarkutan. Surkhandaria region.

カーフにサングラス、笑うと白い歯がこぼれる、たのもしい若奥さん。小学生と中学生くらいの息子も手伝っている。この人たちはカザフ族の末裔だろうか。

ユルタの骨組みは、すでにずいぶんでき上がっていて、ピノキオが飲み込まれた鯨のお腹のよう。中には絨毯が敷かれ、布団も積んである。この骨組みのまわりにフェルトを巻きつけて、テントのようにするのだな。

ラクダを連れた半ズボンの少年がいる。ガイド書に載っていた「ラクダに乗る体験ツアー」には、私も川原さんもまったく興味がない。私たちが乗らないと分かると、少年はひとり丘の方に歩いて帰っていった。

あとでサリマさんから聞いたところによると、この少年は、山を越えた遠くの村から来てくれたのだそう。だったら乗ったのに！

私はメモ帳をやぶいて手紙を書き（サリマさんにウズベク語で代筆してもらった。川原さんにも、ラクダを引いている少年の絵を描いてもらう）、日本から持ってきた「チェルシー」の箱にしのばせた。こんど少年がここに来たら、手渡してもらおうと思って。

運転手さんに手紙を開いて見せると、声を出して読み上げた。「せっかく遠くから来てくれたのに、ラクダに乗れなくてごめんなさい」。輪になってのぞき込んでいた従業員の男たちも、運転手さんも、みな揃って不思議そうな顔をしていた。

川原さんと順番にシャワーを浴び、布団に寝転びまたゴロゴロする。

7時、まだ明るいうちに夕食。

前菜は、サラダがいろいろ出てきた。

お腹の調子がずいぶんよくなってきたので、少しずつ食べる。ぬるいビールもちびちび飲む。キャベツときゅうりの塩もみサラダ、じゃがいもとビーツのサラダ、ビーンズサラダ（うずら豆と玉ねぎを炒めた温サラダ。ブハラのレストランで食べたものと同じ）、きゅうり、トマト、チーズ（以上すべてさいの目切り）、黒オリーブと玉ねぎ（輪切り）、プリーツレタスのサラダ。

次に出てきたのは、ヌードルスープ（さいの目切りのじゃがいも、にんじん、鶏肉を細く裂いたもの、手打ちの細く短い麵。コンソメ風のスープは、とてもやさしい味がした）。

主菜は「カザン・ケバブ」。「カザン」は鍋の意味だそう。つまり、鍋で蒸し煮にしたケバブ（肉料理）だ。

サリマさんが作り方を教えてくれる。

サ「まず、牛の肉にスパイス（チリ、ターメリック）と塩をまぶしておきます。干したトマトの粉（ずいぶんあとで、パプリカだと分かった）もまぶします。鍋で肉と玉ねぎを炒め、ゆでたじゃがいもを加えて重ね、ふたをして蒸し焼きにします」

「ウズベク風肉じゃが」というところだろうか。肉の味が染み込んだじゃがいもが、とてもおいしい。けれど、食べながらも、私たちは夕陽のことが気になって仕方がない。

外に出て丘に登ると、キャンプ地の遥か向こうまで見渡せた。私たちのユルタは、サーカスの見世物小屋が駐留しているみたい。乾いた草木がぼそぼそと生えている砂丘がまわりを取り囲み、地平線まで続く。あとは大きな空ばかり。

夕陽は雲の中に隠れてしまって見えない。空気全体が、ぼんやりと紅く染まっている。ツノのないかぶと虫のような黒い甲虫が、砂の上をカサカサと歩きまわっている。あちこちに巣穴があり、出たり引っ込んだりしている。日中は砂の下で過ごしていたのが、涼しくなって穴から出てきたんだろう。

放し飼いにされている、人なつっこい犬の頭をなで、手を洗って（水を溜める式の手洗い。子どものころ、トイレの窓に吊るしてあったのと同じ仕組みだ）、食卓に戻る。

「ここの料理はとてもおいしいです。油が少なめで、洗練された味がします」と私が言うと、運転手さんはたいそうごきげんになって、ウォッカのおかわりをした。

まるで自分が料理をしたみたいに胸を張り、厨房にいるヒゲのコックさんを呼び出すと、大きな声で褒めたたえた。グラスについだウォッカを掲げ、飲めという。川原さんとサリマさんにもつぎ、お腹にいいからと私にもすすめてよこす。

運転手さんは、酔っぱらいかもしれない。私たちはひと口だけ飲んで、あとはサリマさんに任せ、外に出た。

広場の真ん中へんに、石を積み上げたキャンプファイヤーの炉のようなものがある。その脇のふたつ並んだベンチに寝そべり、夜空を眺めた。

やっぱり曇っているのだろうか。星はあるにはあるが、驚くほどではない。

司馬遼太郎さんの『モンゴル紀行』を読んでからというもの、砂漠の草原におおいかぶさる、恐ろしいほどの満天の星空のことを、私はずっと夢みていた。あの本にはたしか、「宇宙のただ中の星の群れに、まぎれ込んでしまったような……」というふうなことが書いてあった。

　同行の絵描きの須田剋太さんが、赤ん坊のときに母親に抱かれて見た星空のこと。あまりに近く、目に突き刺さるほどに強く大きく光り輝いていた星を、「とってくれ」とむずかった。あのときに見た星空は、錯覚だったのかと長いこと思っていたのだけど、今、モンゴルの草原の星空を見て、現実のことだったと分かった——そんな話を、寝そべりながら川原さんにした。

　サリマさんが、食堂の小屋の外のベンチで涼んでいるのが見える。運転手さんも出てきて、何やらふたりでひっそりと語り合っている。運転手さんは酔っぱらっているようには見えない。

彼は自分が酔っぱらいたかったというより、日本からはるばるやってきた私たちのことを、歓迎したかっただけなのかもしれないな。ウズベキスタンという国を、この国の民族を、料理を、心から誇りに思っているんだ。

　ユルタの小さな灯りに向かって、暗い砂の上を歩く。

私「川原さんは、列車（ウルゲンチからブハラに向かう途中）の窓から星空が見れて、ほんとにラッキーだったね」

川「うん。今よりも、何万倍もすごい星の数だったよ」

「かつてないくらいの……」と、川原さんがまた言いはじめ、私は笑いが止まらない。

川「かつてないくらいの、嵐の中を、列車がつき進んでいる夢をみて、怖くてたまらなかったんだけど、パッと目を覚ましたら、満天の星空だったんだよね。宝石箱をぶちまけたなんてもんじゃなくて、気持ちが悪いくらいに、びっしり星だらけで。窓の真ん中へんには、ウワ——ッと天の川が見えてた」

川原さんは両手を大きく広げ、今まさに、その空が見えているような声で言った。

懐中電灯を持って、ふたりで連れ立ちトイレにゆき、歯を磨いた。

「星空は残念だったけど、明日の朝は、早起きして日の出を見よう」とつぶやきながら寝る。

5　サマルカンドへ

6月10日（月）晴れ

目が覚めたら、戸口の窓の隙間がもう白々としていた。牛たちが鳴いている声が間近でする。カウベルの音も聞こえる。ユルタの前を通っているんだろうか。

4時くらいから、日の出のことを気にしていたのだけど、どうやら私は寝てしまったのだな。目を開けたまましばらくぼうっとして、カウベルの音が通りすぎてから起き上がった。隣で寝ている川原さんも起こす。

空は曇っていた。丘の上に登ったら朝日が見えるかもしれないと歩きはじめたちょうどそのとき、雲に隠れていた太陽が顔を出した。すでにもう、地平線からかなり離れてしまっている。

砂の上には、いろんな虫の足跡があちこちにある。ウサギか何か、あるいは鳥なのか、小動物らしい足跡もある。

向こうの丘の方から、羊の群れがやってきた。先頭をゆく白い羊は、やけに堂々と胸を張って歩いている。茶と黒が混じったビリの羊は、私だ。道草ばかりくって、群れからずいぶん遅れている。羊飼いはずーっと先。遠く離れた丘の上から、「ヒュイッ」と笛のような声を上げた。

カウベルの音で目を覚まし、毎朝あんなふうに羊たちのあとをついて好きなところへ散歩できたら、私の暮らしや頭の中は、うんと変るだろう。

7時に朝ごはん。

食卓には、ランチョンマットに取り皿とナイフ&フォークがきちんと揃えられ、きのうと同じ小皿に盛ったナッツ（ひよこ豆、砂糖をまぶしたピーナッツ）、レーズン、杏キャンディー、ビスケット、ジャム、バターが並んでいた。

席についたら、ブラックティー、ネスカフェ（インスタントコーヒーのことをそう呼ぶ）が運ばれてきた。三角形に薄く切ってきれいに並べたチーズ&サラミ風ソーセージ、目玉焼き&ウインナー、ナンも次々と出てくる。

チーズはハイジのおじいさんが作ったみたいな味。素朴でとてもおいしい。ウインナーはタコではなく、花（両側から切り込みが入れられて、開いている）になっていた。なんとなく、砂漠に咲く花っていう感じの形。半熟卵が苦手な川原さんは、お兄さんにお願いして、目玉焼きの両面を焼いてもらっていた。

何を食べてもとてもおいしい。私のお腹はずいぶん快復したみたい。

サリマさんに、チェリーのコンポートの作り方を教わった。

「チェリー200グラムを洗って、ビンに詰め、このような（グラニュー糖を指差して）白いお砂糖を、湯のみ茶碗に1杯加えます。その上からボイルドウォーターを注いで、金属のふたをしっかりしめたら、布団の下に並べてねかしておきます」

朝ごはんのあと、スーツケースの荷物をまとめてから、もうひとつの丘に登ってみた。けれども、ひと足先に出たはずの川原さんの姿が見当たらない。

ずっと遠くの高い丘のてっぺんに、白い小さな掘建て小屋があって、紫や黄緑色の布が絡まっている。（あれは何だろう、お墓か何かのようにも見えるなぁ）と思いながらしばらく見ていたら、小屋が動いて手を振った。川原さんだった。立ったまま絵を描いていたらしい。

私も登る。イタチのようなリスのような生き物が、チョロチョロと目の端を動きまわっている。立ちどまってじっとしていたら、枯れ草の隙間から、見覚えのある茶色い小動物が見えた。両腕を前に垂らし、首を伸ばしてこちらをうかがっている。つぶらな黒い目玉……プレーリードッグだ！見とれていたら、植物の鋭いトゲが足にささった。カギ状のサヤに小さな種がびっしりついている。砂漠の植物は、死にものぐるいで人や動物にくっつき、運ばれ、生き延びようとしているのだ。そういえば、湖のまわりに生えているほとんどの草にも頑丈そうなトゲがあった。

私がちょっと体を動かしたスキに、プレーリードッグは巣穴にもぐり込んでしまった。こんもりとした斜面に、直径10センチくらいの横穴が掘られている。川原さんをそこへ連れていって伝えても、信じてもらえない。撮ったつもりの写真にも、プレーリードッグは写ってはいない（あとで調べたらプレーリードッグではなく、マーモットという種類のちがう動物のようでした）。

丘から下りると、きのうの家族が新しいユルタを建てていた。まだ建てはじめたばかりなので、仕組みがよく分かる。

まず、天井となる丸い輪っかの中心に金属の棒を差して持ち上げ、傘のようにひとりが下で支える。輪っかのまわりには、等間隔で穴が空いていて、その穴をめがけ、木の長い棒を放射状に差し込んでゆくのだけど、それが案外むずかしいらしい。途中ではずれてしまったり、はずれた拍子に、天井を支えている男がよろめいたりしている。差し込まれた棒の先は、壁となる格子状の柵に1本1本ひもでくくる。男の子たちも手伝っている。

今日は、ヨーロッパ人の団体客が大勢泊まるのだという。私たちはその前の日でラッキーだったな。

荷物を積み込み、8時半に出発。今日も陽射しが強烈だ。

「みんな忘れ物はないかい。スーツケースは？　パスポートは？　カメラは？　ユアーフレンズは？」

運転手さんはカタコトの英語（私よりも上手）で冗談を言うようになった。彼の名前はフルカッツさん。忘れないよう日記帳に書いておく。

それぞれの窓をスカーフでおおうのを、フルカッツさんが外にまわって手伝ってくださる。

走りはじめると、すぐにまた砂漠の中の一本道となる。サマルカンドまでは260キロの道のり。ブハラからここへ来たのと同じくらいの距離だ。4時間から5時間ほどかかるのだそう。

飲んでも飲んでも、あっという間にのどが乾く。1リットルのペットボトルの水はぐんぐん減るばかり。

車が止まったのは、アーケードの土産物屋。

通路を挟んだ両側に、同じような出店がずらりと並んでいる。キーホルダーにスーパーボール（よく弾む小さくてカラフルなボール）、髪飾りやネックレスなど、私が子どものころにお祭りの夜店で売っていたようなオモチャが、ところせましと並んだりぶら下がったりしている。埃だらけのビニールに入った、女の子の顔のついた手鏡（傾けるとウインクをする仕掛け）と、ゴムの袋を押さえて空気を送ると、てこてこと歩く黄色いロバのオモチャ（日本にも、同じ仕組みでカエルがあった）など、友人や孫のためのお土産を選ぶ。フルカッツさんは着せ替え人形を買っていた。娘さんにあげるのかな。

端から端までじっくりと眺めた先に、丸い大きなパンを、お皿のように積み重ねて売っている店があった。店番のおじさんが飛び出してきて、私のカメラをつかみ取ると、パンを背景に記念写真を撮ってくださった。

アーケードの向こうには、コバルト色のモスクの丸屋根が見える。ここはイスラム教の聖地で、神聖な泉があるところだそう。トイレを借りてから、白っぽいレンガ造りの寺院の方へ行ってみた。石垣で囲われた泉は、緑がかった青い色。水はよく澄んで、灰色の細長い魚がたくさん泳いでいた。地元の人や子どもらが、手すりに並んでぼんやりと覗き込んでいる。私たちも水を見ているだけで、涼しいような気持ちになった。

寺院の日陰に腰かけ、「チャロップ」というヨーグルト味のスープを飲んだ。花柄のブラウスに、別の花柄のスカートをはいた美人の若奥さんが、白いホウロウバケツに入れて（ホウロウの洗面器でふたをしていた）売り歩いているのが、とてもおいしそうに見えたので。

さいの目切りの半分くらいの大きさに切ったきゅうり、トマトが少し、刻んだディルがたっぷり入った、ほんの少し酸味のある冷たいスープ。サラッとして、とてもおいしかった。

サリマさんによると、チャッカ（ロシアでいうサワークリームのようなものらしいけれど、酸味が強く、ヨーグルトか山羊のチーズのような味。パンにつけて食べたり、スープや煮込み料理に溶かし込んで食べる。ヒヴァのレストランでは、トマトソースをかけた緑色の手打ち麺に添えられていた）を冷たい水で薄め、野菜や塩を加えて作るのだそう。

サ「ウズベキスタンの人たちは、大人も子どももチャロップが大好きです。これが飲めますから、みんな、夏がくるのを楽しみにしています」

男の人も女の人も、年寄りも若い人も、遠巻きに私たちを見守っている。チャロップをひと口飲んでおいしい顔をした私を見て、みないっぺんに人なつっこい笑顔になった。私たちが日本人と分かると、「オシン、オシン」と口々に言いながら寄ってくる。ちょうど今、ドラマの『おしん』が大人気なのだそう。

また車に乗り込み、砂漠の一本道をひた走る。

途中で羊飼いの群れに会った。牛、山羊、羊、ロバもいる大きな群れだった。

いちばん後ろをゆく羊飼いの青年が、木の棒を1本手に持って歩いていた。ひざ下まで巻き上げたジャージズボンから、野生動物みたいにひきしまったスネがのぞいてる。背中にぶら下げたペットボトルはいかにも使い古され、4分の1だけ水が入っている。飲み口のくびれにひもを巻きつけ、帽子の前から耳にひっかけて、背中にまわしているのだった。きっと、いつ何どきも両手が自由に使えるようにしているんだろう。

車を止めてもらい、私たちも後ろからついていく。弟分のような少年ふたりが、彼の前になったり後ろになったりしながら歩いている。

私は、青年の写真がどうしても撮りたい。いやがられるだろうか。

勇気を出して声を掛ける。

後ろを振りむいた彼はモンゴル系の顔をしていた。砂埃よけだろうか、鼻の上までおおったハンカチの上で、灰色がかったブルーの透き通った目が、ガラス玉みたいに光っていた。眩しそうにはにかんだ、あんな笑顔を私は久しぶりに見た。きっと彼には、誇り高い蒙古の血が混じっている。

馬に乗って風を切り、駆け抜けてゆく姿が見えるよう。

フルカッツさんは、車の窓からペットボトルの水を差し出していた。青年が腰を屈め、左手を胸に当て、右手でがっちり握手する。その様子は大昔、砂の海をはるか遠方からやってきたキャラバンたちがすれ違うときに交わす挨拶のように、うやうやしく親密だった。

ずいぶん緑が増えてきた。

フルカッツさんは、道路まで出てきてのんきに草を食んでいる牛がいると、大きくハンドルを切ってよけながら走る。ガタガタ道なので、そのたびに私は前のシートにつかまった。ときおり荷車を引いたロバにもすれ違う。

車が停まったのは、小さな集落のはずれにあるチャイハナだった。木漏れ日のテーブル席で男たちが休んでいる。なみなみと注がれた茶碗の白い飲み物は、チャロップだろうか。

フルカッツさんが頼んだのを少しもらうと、山羊のチーズを溶かし込んだような、少しクセのある味がした。さっきの寺院で私が飲んだのは、もっとあっさり洗練された味だった。あれは観光客用なのかも。フルカッツさんはきっと、こっちの方が好きなのだ。もしかすると、運転の途中にいつも立ち寄る、馴染みのチャイハナなのかもしれない。

地面を掘ってこしらえたような池には、コーラやジュースのペットボトルに詰め直されたチャロップや、スイカが冷やされていた。ホースを伝って溢れ出た水が、ちろちろと道路脇の小川へと流れ込んでいる。

フルーツ柄のテーブルクロスの上には、四つつながりになったプラスチックの調味料入れが置いてあった。私はその中身に興味津々で、男たちの間を分け入って真上から写真を撮る。赤い粉はチリ、白は塩、黒が胡椒、じゃあ残りの茶色い粉は何だろう。好みでチャロップに加えるのかな。身振り手振りで男たちに尋ねてみても、みなそろってポカンとした顔をしていた。

次に車が停まったのは、サマルカンドのひとつ手前の町の食堂。噴水のある石畳の中庭には、オリーブに似た濃い緑の木が茂っていて、目の色の薄い男たちが木陰で昼ごはんを食べていた。さっき、砂漠の道で出会った羊飼いの若者と同じ、灰色がかったブルーの目玉。ガラスでできているようなその玉は、私たちが歩くといっせいに追いかけてくる。

いちばん奥まったところにある階段上の、長い座布団が敷き詰められたテーブルに席をとった。

まず運ばれてきたのは、お盆のように丸く大きないつものパンと、トマト、きゅうり（皮がすっかりむいてあった）、玉ねぎのお決まりのサラダ（刻んだ香菜とディルがふりかけてある）。

体が大きい上にテーブルが低めなので、フルカッツさんは斜め座りしながら、ほとんど寝そべるような格好で食べている。食卓に肘をつき、完全にもたれかかっている。足は人魚みたいに階段の方へ投げ出して。ウズベキスタンではこれがふつうなのかな。王様のように威厳のある姿という気もするけれど、ただの行儀が悪い怠け者にも見える。

次に出てきたのは「チ・ハン・ビリ」。オレンジ色の汁で煮込まれた骨つきの鶏肉が、ほろほろとやわらかくとてもおいしい。煮汁もコクがあり、ほんのりクミンシードの香りがする。ここにも香菜とディルがたっぷり刻まれていた。サリマさんが作り方を教えてくれる。

サ「チ・ハン・ビリは、ウズベキスタンで有名な料理です。鍋で鶏肉を炒めて、玉ねぎとにんにくも炒めます。そこにスパイスと水を注いで、ふたをして煮込みます。私も家でよく作りますが、夫の方が料理が上手なので、おいしく作ることができます」

酸味はあまり強くない。色具合からしても、パプリカの粉で煮込んだような味がするけれど、トマトも少し入っているのかな。前に私が働いていたレストランで「羊飼いの花嫁のスープ」と名前をつけ、結婚式のパーティーなんかに出していた煮込み料理にそっくりな味だったので、私は興奮し、さらにつっこんで聞いてみた。

私「スパイスは、クミンシードとパプリカが入ってますよね」

サ「パプリカではありません、唐辛子の粉です。ああ、えーと、トマトを干して粉にしたものです」

私「トマトの粉ですか？　パプリカの味がするんだけどな……」

サ「いいえ、パプリカではありません」

サリマさんの答え方に、私はムカッとくる。確かな情報でもなさそうなのに、意地を張っている感じがして。ほかの日本語があやふやなのはまったくかまわないのだけど、料理については正しいことを知りたい。

この店の名物は、手の平ほどもある大きなマンティ（ウズベク風の蒸し饅頭）だそうで、フルカッツさんが張り切ってひとり1個ずつ頼んでくれた。

出てきたマンティは想像以上に大きく、草鞋《わらじ》のようだった。サリマさんとのやりとりで気まずくなった私は、熱々を食べ損ね、ほとんど残してしまった。席を立つ前にもうひと口つまんでみたのだけど、羊肉の脂っこさだけが舌に残った。とても残念。

店の出入り口のテーブルには、まな板と包丁が置きっぱなしになっていて、銀色のバットの上に、玉ねぎのスライスがこれでもかと山盛りにされていた。シャシリクやケバブ、サラダにもこの玉ねぎを薬味としてたっぷり添えるのが、ウズベク人は大好きなのだそう。ペットボトルに入っているのは、酢を混ぜた水だそうで、切った玉ねぎにふりかけてあるらしい。「この水は、机の上にもふりかけて布で拭きます。そうすると、べたべたしたところがきれいになりますから」と、サリマさんは胸を張った。

車に乗るとき、私の側のドアはいつもサリマさんが閉めてくれるのだけど、座るか座らないかの瀬戸際でバタン！　とやるので、ついに指を挟んでしまった。乱暴でいかにもずさんなその感じに、私はますますがっくりくる。

3時半にホテル着。

砂漠からやって来ると、サマルカンドの街はとても都会に感じる。東京とそう変らない。ブハラは45度、砂漠はきっとそれ以上。ここも暑いことは暑いのだけど、今までに比べると拍子抜けするくらいに過ごしやすい。

サリマさんはヒヴァで買ったお土産を抱えて、自宅に帰っていった。ひさしぶりに子どもたちにも会えるから、いそいそとしてとても楽しげだった。フルカッツさんともしばしのお別れ、彼はどこか別のホテルに宿をとっているらしい。

私たちのホテルは、新しくてとても立派なところだけれど、荷物を運んでくれたポーターさんにも、掃除をしていたお姉さんにも、「ラフマッ（ありがとう）」と声をかけたのに無視された（あとで川原さんに言われて気づいたのだけど、私は間違えて「アラマッ」と言っていたらしい）。部屋の窓際の床はなんとなしにざらざらするし、棚の上も埃っぽい。

川原さんがお風呂に入っている間に、スーツケースの整理をする。自分が砂にまみれた田舎者のように思えてくる。「おらあ、砂漠から来ただよ。モンクあっか！」という気持ち。

砂漠で出会ったあの羊飼いの青年は、これからの人生で、こんなホテルに泊まることなどないだろう。でも、もしもどちらかの暮らしを選べと言われたら、私は迷わず羊飼いと結婚する。放牧から帰ってくる夫のために、おいしい料理を作って待っている。

私は今、ベッドに横になってこれを書いている。川原さんは盛大に洗濯をし、窓際いっぱいにうまいこと干した。あとで私もシャワーを浴びたら、たまっている洗濯をしよう。

陽が傾いて涼しくなったころ、ガイドブックを片手に川原さんと連れ立って散歩に出た。行き先は決まっている。「ザラフシャンH」と地図には書かれているけれど、もしかすると、百合子さんたちが泊まった「ホテルゼラフシャン」かもしれないと思って。

車が行き交う大通りを曲がった先、広い公園の手前に、そのホテルはあった。小豆色の看板に、銀色の文字で「HOTEL "Zarafshon"」と浮き彫りになっているから、ここに間違いない、と分かった。

ピンクがかった肌色の、3階建てのかわいらしい建物。ホテルというより学校の宿舎か何かのよう。とても古びている。カーテンのない窓がほとんどで、しんと静まり返っている。

私は脇にある門の方にまわって、柵によじ上ってみた。この向こう側は昔、駐車場だったのかもしれない。マイクロバスが何台か停まれそうだもの。

柵につかまって背伸びをしてみても、体をよじってみても、奥にある柳の大木から先がどうしても見えない。あそこは、中庭になっている気がする。

東京から持ってきた「『犬が星見た』帖」(百合子さんの言葉を切り貼りしたノート)をめくって、中庭について書かれた一文を読んだ。

「夕方からホテルの中庭には食卓と椅子が出て、屋外食堂と変る。地元の人たちは、ここにきて涼みながら、チャイを飲み、シャシリクを食べている」

脇側の壁の、廊下らしき窓も見上げる。ここにも人影はない。かなり老朽化しているようだけど、もしもここに泊まれたら、さっきのホテルはキャンセルしてもいい。私はまた玄関の方にまわり、勇気を出して、鏡がはめ込まれた黒い木彫りのドアの把手《とって》を引いてみた。44年前、百合子さんもここを触ったのだ……と、思いながら。

鍵はかかっていたけれど、ペンキもニスもはげ落ちてすっかり白っちゃけた把手は、ひどくがさがさとして、風雪をくぐり抜けてきたことがよく分かった。百合子さんたちがここに泊まったのは、私が小学生のころなのだから、もうとっくの昔に取り壊され、近代的なホテルに改築されているだろうと思い込んでいた。なのに、ドアも把手もこうしてちゃんと残り、小豆色の窓の桟も、屋上の錆びついた柵も、ホテルの前の六角形の石畳も、すべてが古いままだ。看板を照らす品のいい灯りだって、きっとあのころのままだろう。

川原さんは立ったままスケッチをしている。私は安心し、うろうろとあちこちを見てまわる。カーテンのかかっていない窓におでこをつけ、中を覗いてみた。そこは食堂だとすぐに分かった。背もたれに金の模様がある臙脂色の腰かけと、丸い食卓が並んでいるのが見えたから。

壁のレリーフや天井のシャンデリアは、ソ連時代の装飾なのかな。ギリシャ遺跡にあるような太い柱も立っている。ここは当時、とても豪華なホテルだったんだろう。

ビロードの生地にひだをたっぷりとった、臙脂色のテーブルクロスが足下までかかっている。その上に並べられた白い食器。昼の光がいっぱいに差し込む中、銀のスプーンをカチャカチャさせながら、月桂樹の葉が1枚だけ浮かんだコンソメスープをすくって、口に運んでいる百合子さん。ハンバーグステーキにナイフを入れ、中から顔を出したゆで卵に歓声を上げている百合子さん。泰淳さんも竹内さんも、銭高老人もみんないる。私にはそれが、はっきりと見える。

私はもう、ここにこうしていられるだけで、どこへも行かなくていいや。いったいほかに、何をするために、私たちはこの国に来たのだっけ。

玄関の扉が突然開いて、肌の色が透けるように白い、ロシア系の顔をした痩せた男が出てきた。何日もお風呂に入っていないみたいなボサボサの髪、色あせたシャツの袖口には、茶色い塗料のシミがある。このホテルの持ち主か、その子孫だろうか。

慌てて近寄り、『犬が星見た』帖」を開いて見せながら、「私たちは日本から来ました。このホテルはやっていますか？」と日本語で尋ねた。遠くを見るような目つきのまま、男は何かまくしたてながら追い払うように手を振ると、すぐに引っ込んだ。

私は諦め切れず、食堂の窓をまた覗いたり、蔦《つた》が2階の窓をおおっているのを写真に撮ったり、川原さんのスケッチを覗きにいったり。柵によじ上って、中庭らしきところを眺めたりしていた。その間、ロシア男は3度外に出てきた。素足にサンダル履きで、ズボンの裾をひきずって歩く。私たちのことは見て見ぬふり。スプリンクラーにホースをつなぎ、樹木に水を撒いたりしていた。

明日から、私たちはまた別の土地へ移動しなければならないけれど、サマルカンドに帰ってきたら、またここに来よう。サリマさんに通訳をしてもらって、この男から話を聞いてみよう。泊まるのは無理でも、中を見学させてもらおう。

帰り道、広々とした公園内をつっ切りながら、ホテルの近所で百合子さんたちが迷ったのはここではないだろうかと思った。「ビールでも欲しい夕方」に、目の見えない老婆とベンチに腰かけていたのも、きっとここだ。

本当は、大通りを渡った先にある博物館へも行きたかったのだけど、もう暗くなりはじめていたので諦める（私ひとりだったら、無理をしてでも見に行ったかもしれない）。

川原さんはずっと冷静沈着で、街灯もほとんどない道を、方向を確認しながら進み、分からなくなると英語で人に尋ねてくれた。できるだけ人通りの多い明るめの道を探して歩き、ようやくもと来た通りまでたどり着けた。

夕食は、大通り沿いにあるファストフードのような野外の店で。トルコ風のケバブ肉を挟んだラップサンド＆ビール。

興奮冷めやらぬ私は、話があちこちにすっ飛び、サリマさんの陰口も出た。あの人は、ガイドの仕事をさぼりすぎなんじゃないかと。

「うん、うん」と聞いていた川原さんは、「そうだよね。でも、あの大づかみな性格は、ウズベク人のお国柄なのかもしれないよ。おおらかというか。細かいことはあまり気にしないんじゃないかなあ。料理のことを詳しく知りたかったら、食堂のコックさんに聞きにいって、それをサリマさんに通訳してもらえばいいんじゃない？」。

6　ダルバン村へ

6月11日（火）晴れ

すっかり寝坊した。7時15分に起きる。ゆうべは川原さんと、12時近くまで話し込んでしまったため。

7時45分、1階にある食堂で朝ごはん。

私はコーヒーとヨーグルト、目玉焼き、きゅうり、トマト、フレッシュチーズ、山羊のチーズ、黒パン、パンケーキ（ディルを混ぜたそば粉入りの生地を薄焼きにしてある）をバイキングの大皿から取り分けた。このパンケーキは、レストランのシェフ時代におすすめメニューだった「トルコ風お好み焼き」にそっくりだった。私のレシピは、小麦粉の生地にクリームチーズを混ぜ込み、薄切りのズッキーニをのせて焼いていた。ディルはたしか、仕上げに散らしていたような。

食べ残した黒パンは、紙ナフキンに包む。車の中でお腹が空いてもいいように。

9時にロビーに集合。フロントの壁にはニューヨーク、モスクワ、ロンドン、東京の時計が並ん

でいる。日本は今、夜中の1時なのかな？（あとで調べたら午後の1時だった）

今日から私たちは、ウズベキスタン南部の、ボイスンという街の近くの村に出かける。泊まりがけでゆくので、スーツケースの荷物はホテルに預け、リュックひとつにまとめた（私だけ）。

荷物を積み込み、9時20分に出発。

道路はアスファルトなんだけど、雨が降ったら大きな水たまりができそうなくらいにでこぼこしている。前の車もスピードを出しながら、へこんだところをよけて通る。フルカッツさんも急にハンドルを切るので、私たちは急いで酔い止めの薬を飲んだ。

走り出すと、すぐに田舎の景色になった。

小麦畑のまわりに張り巡らされた水路、じゃがいも畑、サクランボの木の下で寝そべっている、茶や黒やブチの牛。マスカットによく似たぶどう畑。いっせいに陽の当たった、黄緑の葉がそよぐぶどう棚の道をひた走っているとき、「あれらはすべて、ホシブドウになります」と、サリマさんが言った。

ボイスンへは山を越えてゆくという。

また砂埃だらけの黄土色の景色が続き、うんとしばらくして、緑が増えてきたな……と思ったら、小さな集落に入った。山の手前にあるテルサック村だそう。

鉄の棒で組まれた物干し竿のようなところに、動物の肉が3体ばかり吊るしてある。フルカッツさんに頼んで車を停めてもらう。

そこは、青空天井の肉屋さんなのだった。

地べたに置かれた洗面器には、薄目を開けた羊の頭と蹄が、ちんまりと収まっていたから、ぶら下がっているのも羊肉なのだと分かった。足首の腱の隙間に、鉤を引っかけて逆さに吊るし、ナイフで削ぎながら切り売りしている。木を伐るような手斧は、大きな塊を骨ごとさばくときに振り下ろして使う。

地面にも洗面器にも、まな板代わりの切り株にさえ血のシミが見当たらない。前に、モンゴルの映画で見たことがあるのだけど、この国の男たちもまた、血を一滴も地面に流さず、羊を苦しませないやり方で、静かに首をひねるのかもしれない。きっと、新鮮な血は別の容れ物に取り分け、何かの料理に大切に使うんだろう。

羊はウズベク語で「キュィ」。1頭で20キロから40キロ分あり、値段はだいたい30万スム（約1万5千円）だそう。肉屋の男にサリマさんが尋ねて通訳をしてくれた。それをメモしていると、どこからかわらわらと男たちが集まってきて、とり囲まれた。みな私の日記帳を覗き込んでいる。使い終わったナイフ（パン切り包丁のように刃がギザギザ）を、羊のお尻の穴らしきところに引っ掛けておくのがおもしろくて、近寄って写真を撮った。隣で見ていた男が、お腹をたたきながら笑った。

男たちに並んでもらい、記念撮影をした。横一列に並んだ8人の男たちは、若者も白髪まじりのおじさんも、体を寄せ合って肩を組んだり、手をつないだり。いちばん端っこの男は、ぶら下がった羊肉の足と手をつないでいた。

サ「オッテライ（お手洗い）行きますか？」

道路を渡ってみる。向こう側は、野外食堂になっているらしい。

食堂のはずれのトイレ小屋には、ちゃんとドアがあった。高台の茂みから、ふたりの男が嬉しそうに見ている。この村の男たちは小学生の男子のよう。欲望にあけっぴろげな感じが、すがすがしいくらい。

木陰にはチャプタク（縁台の食卓）が並んでいた。10人は座れそうなベッドのよう。細かな模様の絨毯の上に、赤、紫、オレンジ、緑の花柄の長い座布団。真ん中にはオレンジ色の長方形の布が敷かれ、食べちらかした皿や茶碗、ティーポットが並んでいた。ちぎったパンも布の上に直《じか》に置いてある。

飲みかけのお茶、皿に残ったサムサのくず、肉片がほとんど残っていない羊の骨、唐辛子の赤い粉、粗塩、いろんな方向に散らばったフォーク。そのすべてに木漏れ日が当たって、とてもきれいだった。縁台に乗って真上から写真を撮っていたら、つき出たお腹にエプロンを巻いた愛想のいいおやじさんが慌てた様子でやってきて、器を片づけはじめてしまう。

食堂の裏山からは清い水が流れていた。あちらこちらにサムサを焼いている泥の窯《タンドール》があって、香ばしい煙を上げていた。気の弱そうな痩せた男の店で、私はサムサをひとつ買ってかぶりつく。焼きたてのサムサは皮がカリカリで、揚げたてのコロッケのよう。具は玉ねぎと羊のひき肉。油っこくちょっと塩けが強いけど、とてもおいしい。私が食べるのをじっと見ていた男は、急に安心したような顔になり、金歯を見せてにーっと笑った。

ここは、とてもいいところだな。

車は山道に入った。ロバのお腹の両側にずだ袋をくくりつけ、急な坂道をのろのろ登っている少年とすれ違う。斜面にむき出した白茶の岩肌、くねくねとカーブする埃っぽいガタガタ道を、私たちの車も登ってゆく。私は天井に頭をぶつけないよう、窓の上の把手につかまっている。ここいらは、映画『バベル』に出てくる荒涼とした山の景色にそっくり。

山頂のバザールに着いた。とてもとても風が強い。手で押さえていないと帽子が飛ばされそう。牛のチーズをカラカラに干した白い玉、高山に育つ草や花を干した、さまざまな種類のハーブティー、ドライフルーツとナッツの類。スパイスもいろいろ売っているけれど、私は買わない。クミンシードは、ウズベク語で「ジラ」というと教わった。山でしか採れない特別なものだそう。同じような店がいくつもあるので目がくらみ、少年が売りにきた小袋入りのハーブティーと、味見をしておいしかった大粒のマスカットのレーズンだけ買って、車に戻った。川原さんはハーブティーをじっくり選び、量り売りの大袋で買った（あとで聞いたら、少年のは観光客用らしく、驚くほど割高なのだった）。

下りの道で、羊の丸焼きの看板があった。松の木を燻して、長時間かけてタンドールで蒸し焼きにするのだそう。スパイスもいろいろな種類をまぶすのだそう。

山を下りたとき、「カシュカダリヤ州に入りました」とサリマさんが言った。この先にシャフリサーブス（ボイスンのひとつ手前の街）がある。

砂埃の道を、遥か向こうからやってくる自転車の男。いちめんに広がる小麦畑で、明るい色のスカーフを巻いた女たちが、長い柄のクワを使って、腰を曲げずに耕している。

お客のいないレストラン。スイカを積み上げて売っているランニングシャツの男。何の実なのか分からない、黄色い果物の木。川に飛び込む少年たち。橋の欄干に、砂埃で茶色くなった足を立てかけ、その様子を眺めている男。屋根のないガソリンスタンド。荒れ地をつっ切るむき出しの線路。うとうとしながら、陽射しよけのスカーフをときどきめくっては、そんな景色を眺めている。

1時、ゴザル村で昼食。

車から下りても眠くてたまらず、私も川原さんもしばらくチャプタクに横になっていた。

起き出してラグマン（トマトスープのうどん）を食べた。パプリカ、じゃがいも、にんじん、玉ねぎ、ピーマン、牛肉、皮をむいたトマトが入っている。わりとあっさりめの洗練された味。麺はほどほどにコシがあってとてもおいしい。ここにもパプリカの粉が入っているみたい。丸い大きなパンと、トマト、きゅうり、玉ねぎのいつものサラダもついてきた。

サリマさんとフルカッツさんは、向こうのテーブル席に座った。サリマさんは私たちと同じラグマン。フルカッツさんが食べている肉じゃがのようなのは、「カザン・ケバブ」。砂漠のユルタで出てきたのと同じ料理らしいけど、じゃがいもがゴロゴロと大きく切ってあり、牛肉も骨つきだ。赤味が少なく、煮汁も少なめで、生の玉ねぎスライスが上にのっている。クミンシードが入っているとのこと。あとは、ねぎやディル、香菜が刻み込まれた「チャッカ」。

出発の前のトイレ。四角い穴が開いただけのトイレのことを、私はもう何とも思わない。すっかり慣れてしまった。

しばらくはなだらかな丘が続く、鋪装された道路を走る。「運転手さんからお願いがあります。

日本人（私たちのこと）は、車のドアを強く閉めないでください」と、サリマさんが笑いながら言った。

この車は、フルカッツさんの自家用車なのだそう。私も川原さんも半ドアになるのがいやだからそうしていたのだけど、そういえば、彼のドアの閉め方はとてもやさしい。きっと休日には、奥さんや娘たちも乗せるこの車のことを、とても大切にしているのだ。

目を覚ますと、砂埃だらけのガタガタ道を走っている。薄目を開けて確かめていたら、フルカッツさんはときどきクーラーを消し、窓を開けていた（「車のために、でこぼこ道ではクーラーを消さないとならないと思っているみたいだよ」と、あとで川原さんが言っていた）。

大理石の採掘場の前を通ったときには、舞い上がる砂埃で前が見えないほどだった。揺れが激しく埃っぽいので、目を開けていられない。手で鼻と口をおおう。息苦しい。見かねたフルカッツさんが窓を閉めてくれたのだけど、こんどは暑くてたまらない。

そこから先は、車の揺れに体を任せ、眠ってしまうほかはなかった。サリマさんも川原さんも私も、ひたすら眠った。

3時半ごろ、小さな村に到着した。

川遊びをしている子どもたち、泥の塀に囲まれた家々、木の電信柱。赤茶の小道をくねくねとたどると、ほどなくして停まった。フルカッツさんと陽に焼けた若者が、門のところでがっちりと抱擁を交わしている。どうやら目的地に着いたみたい。若者は民宿のオーナーの弟で、ソビエルというう。

門を入ると、中はとても広々としていた。台所の勝手口で手を振って迎えてくれたおばあさんは、鮮やかな緑色のワンピースに、ちがう柄の緑のスカーフを巻いている。笑顔がやわらかく、亡くなった私の祖母にどことなく似ている。

ぶどう棚の木陰には、大きなチャプタクが3台並び、その手前が家庭菜園になっていた。ぶどう棚を挟んだ向こうも畑、その向こうの原っぱでは、洗濯物がロープに干してある。

2階建ての民宿は、漆喰壁に木の柱。どの部屋も、タイル敷きの廊下に肘掛け椅子が据えられ、そこに座って涼めるようになっている。

私たちの部屋は2階の角部屋。赤茶色の切り立った裸の山が、すぐそこに見える。

私も川原さんもいっぺんでここを気に入った。寝そべったまま山が見える方のベッドを、川原さんにすすめる。これまでずっと、私ばかりが窓際のベッドに寝かせてもらっていたから。

ここは人口2万3000人ほどのダルバン村。ダルは「門」、バンは「閉まっている」という意味があるそうだ。「四方を山に囲まれているから、そんな名前がついた」という。

あちこち案内をしながら説明してくれたソビエル（33歳、英語が話せる）によると、この民宿の建物は、タシケントに住んでいる彼のお兄さんがひとりでコツコツ建てたのだそう。

ソ「離れにあるトイレとシャワーはまだ完成してないけど、ちゃんと使えるからノー・プロブレム。兄は何でもできるストロングマンで、ツーリストガイドが本業なんだ。夏の間はいつも帰ってきて民宿を手伝うんだけど、今は遠くに出張している。それで僕が代わりにサマルカンドから来ているんだ。僕も普段はガイドをしているんだよ」

着いてすぐに目を輝かせながら、「私たち家族のガーデンに案内します」とも言っていた。ここから少し歩いたところに手作りの庭があるらしい。フルカッツさんもサリマさんも、くたびれて昼寝をしているようだけど、ひと休みしたら川原さんと出かけることにしよう。

庭のぶどう棚には、まだ青く硬い実がぶら下がっている。聞いたことのない、いろんな鳥の鳴き声がする。

シャワーを浴びて、ガーデンまで散歩。英語を話せるハンサムな少年もついてきた。彼は上のお兄さんの息子のファリドン、12歳。学校が夏休みに入ったので、おばあちゃんのところに泊まりにきているのだそう。

炎天下、泥の塀に挟まれた小道を、ふたりの後ろからついて歩く。塀と道はどちらも同じ赤土の色、電信柱はすすけた茶色だ。赤ん坊を背負った女の子が、隙間からこちらを覗いている。次の塀の隙間からも、クスクス笑いながら覗き見している子どもたちの目玉が見える。

ソ「みんな、日本人を見るのは生まれてはじめてなんだ」

木の枝を組んだだけの門を開けて中に入ると、レンガがたくさん積んであった。その向こうは緑の木陰の草むらが奥まで続いている。どの木も伸び放題で、重たそうに枝をしなだらせている。人が作った庭のようにはとても見えないのだけど、ソビエルたちはここをとても自慢に思っているみたい。

木漏れ日の草の上を歩く。サクランボ、クルミ、青いりんご……ひとつひとつ木の名前を言いながら、ソビエルは熟したサクランボの実を採ってくれた。ファリドンも真似をして、ジャンプしては枝を引き下ろし、採ってくれる。

突き当たりの柵の向こうでは、ドウドウと川が流れていた。セメントなんかで固められていない天然の川だから、水は泥色。村に入ってくるときに見た、子どもらが遊んでいた大きな河とつながっているんだろうか。

サクランボをつまみながらあちこち歩きまわっているうちに、私はどうしてもうんちがしたくなる。トイレはあるかとソビエルに聞くと、「ここですればいいよ」と表情を変えずに言う。ふたりが向こうへ歩いていくのを見届けてから、茂みにしゃがみ込んだ。川原さんが盾になってくれた。

草いきれ、立ち上る緑の匂い、鳥が鳴いている。急いで帰れば間に合ったかもしれないけれど、ソビエルに確かめるまでもなく、私はどうしてもここで用を足してみたかった。人の手なんかより、自然の勢いの方がうんと勝っているこの庭にいると、お腹の中までスカッと開いた気持ちになる。

帰り道、レンガを作っている少年がいた。素手で粘土を木枠に押し込んでから、すーっと枠だけ持ち上げると、四角い塊が現れる。それを、地面の上にずらりと並べて干している。ひとりっきりでやっている。立方体の厚みのあるレンガには、小さな指を広げてひっかいたような模様がついていた。私も川原さんも写真を撮った。

民宿に戻ったら、フルカッツさんが車の中にいた。ドアが閉まらないよう膝をつっかい棒にして、カーラジオを聞いている。フットボールの試合の中継なのだそう。「ウズベキスタンチーム イズストローング！」と、力こぶを作ってみせる。

私はもういちどシャワーを浴び、髪も洗って、若草色のワンピースに着替えた。

1階のテラス（高床式のタイル敷き、幅広の廊下のようになっている）の長テーブルには、レーズンやナッツ、ひよこ豆を揚げたもの（砂漠で食べたのと同じ）、チョコレートやキャンディーなどが、着いたときのままお皿に山盛りになっている。ひっきりなしにハエがたかりにくるけれど、川原さんと気にせずつまむ。赤ん坊を抱いたおばあさんが台所から顔を出し、熱いお茶のポットを運んでくれた。

陽焼けしたおばあさんの顔はつやつやとして、深く皺が刻まれている。目尻が下がり、笑っていなくてもとても優しそうな顔。私は身振り手振りで、おばあさんが自分の祖母に似ていることを日本語で伝えた。川原さんも「グランマザー」と言いながら、私の顔を指したりして助けてくれる。うっすらと微笑むおばあさん。伝わっただろうか、伝わったような気がする。

素足のまま庭を駆けずりまわっていた子どもたちが、おそるおそる、でも興味津々という顔つきで近寄ってくる。足取りのおぼつかない小さな子も、慣れた調子で階段を這い上ってくる。裸の人形の髪の毛をひっつかみ、ひきずりながら。きのうフルカッツさんが出店で買っていた着せ替え人形は、この子たちへのお土産だったんだな。

目の色が透き通った坊主頭の子だけ、テラスの脇に突っ立ったままなかなか近寄ろうとしない。この子は女の子かな、男の子かな。

私と川原さんはテラスにペタンと座り、千代紙でツルを折って見せた。ファリドンがやってきて、「どうやるの？　ボクにも教えて」とくったくがない。

そのうちサリマさんが部屋から降りてきた。みんなの名前を教えてもらう。おばあさんはドジニソ（愛称ドジ）、下のお兄さんのお嫁さんはセヴィミソ（セヴィ）。おばあさんが抱いている赤ん坊は1歳になったばかりで、サビーナという。坊主頭の子はウミダ、6歳。目がくりっとした子はドゥルドーナ、3歳。ニコニコした顔つきの子はグルゾーダ、3歳。子どもたちはみな女の子で、ウミダは希望、ドゥルドーナは宝石、グルゾーダは花の精という意味があるんだそう。ウミダとグルゾーダは姉妹。家族の関係はわからない。

サ「ふたりのお母さんは、ウミダが3歳のときに病気で亡くなりました。ですから、おばあさんがほかの孫たちといっしょにここで育てています」

みんなの名前を忘れないよう日記帳にメモしていたら、ファリドンがアルファベットで書いてくれた。私はその横にカタカナで記す。

7時に夕食。ぶどう棚の下の縁台に移動する。

フルカッツさんはごろんと横になり、子どもたちと戯れながらくつろいでいる。まるで親戚のおじさんのよう。私たちみたいな旅行者を連れて、2回だけここに来たことがあるらしいけど、泊まるのははじめてなのだそう。

縁台の中央の布の上にはレーズン、ひよこ豆、チョコやキャンディー、ナン（おばあさんが焼いた。鏡餅のように大小2枚を重ね、布の上に直に置いてある）が並べられている。足を伸ばしたり立て膝をしたり、みんなして気ままに料理を囲む感じがピクニックみたい。四方に布団が敷きつめてあるところは、炬燵みたいでもある。

私は縁台のことを「チャプタク」と覚えてしまっていたのだけど（ちゃぶ台に似ているので）、

正しくはロシア語で「タプチャン」、ウズベク語では「チョルポヤ」と言うらしい。フルカッツさんが真面目な顔をして教えてくれた。

昼間にはあんなに暑かったのに、夕方になると涼しい風が吹く。

サリマさんは菜園に下りて、ハーブを摘んでいる。ついてまわる子どもらを、お母さんのようにあしらいながら。

サ「この草はライホン。天国の匂いがすると言われています」

鼻を近づけるとハッカのような匂いがした。でも、ミントとは少し違う。ショルバ（具だくさんのスープ）の仕上げに刻んで加えるのだそう。

順に運ばれてきた料理は、きゅうりとトマトのサラダ（これまで食べた中でいちばん大ぶりに切ってある）、チャッカ、ピーマンの肉詰め、ショルバ（オレンジ色のスープに牛肉、じゃがいも、にんじんがゴロゴロと煮込まれている。別の1品として皿に盛ってあるピーマンの肉詰めも、いっしょに煮たのだそう）、ディルと香菜（刻んだのをたっぷり合わせてある）。

きゅうりとトマトは、畑からもいできたのを、生きてるうちに慌てて切り分けたみたいにみずみずしい。粒の粗い塩をつけて頬張った。

ここの料理は何もかも、今まで食べた中でいちばんおいしい。ウズベキスタンの料理は、スパイスや肉の脂がごちゃごちゃとこみ入って、濁った味がする。そういうものだとばかり思い込んでいたのだけど、ここのは違った。ショルバは長時間煮込んであるのに、ムーッとした味がしない。これが家庭料理の味なんだな。

食べている途中で、リュックを背負った少年が門を開けて入ってきた。ファリドンが駆け寄って抱き合い、再会を喜んでいる。少年の名はシャフリゾン、15歳。サマルカンドから夜行バスに乗ってひとりでやってきた。ファリドンとは従兄弟同士なのだそう。

ファリドンはアメリカ映画やフランス映画に出てくる子役みたいに、彫りの深いハンサムボーイだけど、シャフリゾンは繊細そうな一重まぶたのきれいな少年だ。ソビエルはアラブ系の顔で、髪も眉毛も黒く、黒目がギロギロしている。

ソ「ウズベキスタンは、いろんな民族が集まってできた国なんだ。ギリシャのアレクサンダー大王の血も混じっている。僕らの家系はタジキスタン出身だからタジク人だけど、目の色も髪の色も、みんな違うんだ」

サリマさんやフルカッツさんは、ウズベク語を話すウズベク人なのだそう。タジク語は日本でいう方言のようなものなのかな。

シャフリゾンはお皿を運ぶのを手伝ったり、小さな従姉妹たちが騒いでいると「シッ！」と指を立てたり、声も動きもとても穏やかで、ファリドンとは正反対の性格みたい。シャイなのか、私たちにはあまり近寄ろうとしない。

私も川原さんも、タジク語を話すこの家族のことがずんずん好きになる。本当は、今日と明日とここに泊まったら、13日にはサマルカンドに戻らなければならないのだけど、「2泊だけじゃもの足りないよね」と、着いてすぐに話していたのだった。

それで、もう1泊延ばせないだろうかと、思い切ってサリマさんに相談してみた。民宿の方は、追加の宿代を支払えばまったく問題ないという。明日はお嫁さんのセヴィが、プロフ（ウズベク風炊き込みご飯）の作り方を教えてくれるし、隣の家の奥さんもたまたまナンを焼く日だそうで、見学させてもらえることになっている。

サリマさんはすぐに旅行会社に電話をかけにいってくれた（携帯電話がつながりやすい場所が、どこかにあるらしい）。今、サマルカンドのホテルにも確認中だそうで、返事を待っているところ。サマルカンドのナン工房見学ツアーも、キャンセルできるかどうか確認中。

寝る前に、もういちど離れにシャワーを浴びにいった。真っ暗な中、トイレの磨りガラスの向こうから、ラジオの小さな声が聞こえてきた。どうやらフルカッツさんがトランジスタラジオを持ち込んで、フットボールの中継を聞いているらしい。

トイレもシャワー室も、大もとのスイッチを入れてから30分しないと点かないので、懐中電灯の灯りだけで私はシャワーを浴びた。

なんだかこの村にいると、スウェーデン映画の『マイライフ・アズ・ア・ドッグ』を思い出すな。主人公の少年が預けられた親戚の田舎も、ちょうどどこんな村だった。大人も子どもも集まって、ラジオのボクシング中継に声援を送っていたっけ。

今夜、従兄弟同士のふたりは、タプチャンに布団を並べて眠るらしい。2階のベランダで涼んでいると、ふたりの話し声が上《のぼ》ってくる。タジク語だろうか？　スウェーデン語のようにも聞こえる。

特にファリドンの声は、少ししゃがれ気味で、『やかまし村の子どもたち』の、小さい妹を連れている少年にそっくり。

6月12日（水）晴れ

5時40分に起きる。

寝間着に上着を羽織って、川原さんと屋根裏へ続く梯子段を上った。窓から朝日がよく見えると、ゆうべソビエルが言っていたので。ここは、材木やタイルなどの資材置き場になっているらしい。ぽつんと、椅子がひとつだけ置いてある。

山の上の空だけ見ていると、白かったところにほんのりと赤味がさしてくるのが分かる。川原さんとふたり、ひとつの椅子に座ったり、ときどき立ち上がったりしながら、陽が昇るのを待った。待っても、待っても、ほとんど変らない。ずいぶんたって、ようやく山の輪郭が光りはじめると、山肌に濃い影が落ちた。ずっと太陽を見届けていたいのだけど、眩しくて目を開けていられない。サングラスを持ってくるんだったな。

川「目をつぶっていても、光がだんだん目の中に差し込んでくるのが分かるよ」

タイソン（民宿の大きな犬）が吠えると、周りの飼い犬たちもつられて、何ごとがあったんだろうというくらいの大声で吠える。そうするとまた、タイソンも吠える。裏の牛がモ――と鳴いて、大騒ぎになる。ゆうべも夜中にその繰り返しだった。

見下ろすと、少年たちはまだタプチャンで寝ている。犬の吠え声はいつも集落のどこかしらでしていて、波のように連動し、順番がまわってくるみたいに吠える。窓から身を乗り出して見渡すと、山裾の斜面にも、ぽつぽつと家が建ち並んでいるのが分かった。

10時に朝ごはん。

目玉焼き、厚切りのハムとチーズ、ナン、チャッカ、グリーンティー、ネスカフェ、レーズン、ビスケット、チョコレート。

私はナンに切り込みを入れ、ハムとチーズを挟んで食べた。新鮮でとてもおいしい。首筋に太陽が当たって、じりじりする。

手ぬぐいを首に巻き、帽子をかぶって散歩に出る。

森の入り口で土を掘り返し、水路を作っている親子（母と息子）を見た。

石がごろごろ転がる、幅広の赤土の道を歩いているとき、「4月と5月には、ここは大きな川だったんだ」とソビエルが言った。そういえば道の両側は丘のように小高くなって、よく見ると、干上がった水ゴケがこびりついている。

私はその川の道で、ウズベク茶碗の赤い欠片を拾った。

「チー――、コツコツコツコツ」と鳴く鳥の声がする。

しばらくゆくと、流れの速い大きな河に出た。河原でロバが1頭、水を飲んだり草を食べたりしている。食べながらフンがぼとぼと落ちている。ロバはひとりで丘を駆け上り、誰にも連れられずに帰っていった。

河原に降りると涼しい風。そこからは河づたいに小石の上を歩いた。夏休みを利用して、タシケントからおばあちゃんのところへ泊まりにきている少年がふたり、釣りをしていた。流れに足を浸けると、水は凍りそうに冷たい。

橋を渡ったところに水車小屋があった。私は水路をつたって歩き、どういう仕組みになっているのか見てまわる。たっぷりと水が流れ、途中から二股に分かれている。滝になって流れ落ちる方に板切れを差し込んでせき止めると、もう一方の水路から、小屋に勢いよく流れる仕組み。小屋の中はどうなっているんだろう。

そこらで遊んでいた小学2年生くらいの男の子（人夫さんの孫だそう）をつかまえ、ソビエルが鍵を取りに走らせた。

木の扉を開けると、水車小屋の中はとてもひんやりしていた。泥壁をくり抜いた小さな窓がひとつだけ、そこから差し込んだ光が、向いの壁に当たっている。

いったいこの小屋は、どれくらい昔から使われてきたんだろう。粉に晒されてすべすべになった木の漏斗《ろうと》（ここから小麦の粒を入れる）と、石器時代みたいな石臼がある。縁の下には大きな歯車が見えるから、その動力で回るのかもしれない。

小屋中に散らばっている、ふすまが混じったような薄茶色い粉を指でつまんでみた。しんみりと冷たい。ライ麦によく似た手触り。

ソビエルの説明をサリマさんが通訳してくれた。

サ「この村の人たちは、畑で収穫した小麦をここに運んで、人夫さんにお願いして粉にしてもらいます。手間賃はお金ではなく、何割かの小麦の粉をさしあげます。たとえば、小麦16キロに対して1キロというように。村には、この水車小屋のほかに、電気で動く粉ひき器を置いてあるところが

1軒あります。電気の方は、真っ白な細かいサラサラの粉になるので、村の人たちは、どんなパンを焼きたいかで選びます」

帰り道、ロバの背中に乗った三兄弟に会った。川原さんがカメラを向けると立ち止まって、またてこてこと揺られながら通りすぎた。

さっき通った河の道では、背広を着たおじさんが木陰にボサッと立っていた。鞄に詰めた参考書(昔の少年マガジンや、少年サンデーなんかと同じ紙)を売っている。

窓がひとつだけある、判子を押した模様がかわいらしい泥壁の家は、中に入ってみたら雑貨屋さんだった。品数はとても少ないけれど、乾麺や角砂糖、塩、キャンディー、電球、ハエたたき、おもちゃ、文房具まで、ひとつの棚にごっちゃになって売られている。

帰り着いて、ベッドにごろんと横になり、しばし休憩。


12時、昼食のプロフ作りをセヴィから教わる。

外の竈《かまど》で作るらしく、火を焚いている。シャワーやトイレに行くたんびに、私はここを通っていたのに、紙くずや木の枝なんかが無造作に投げ捨てられていたから、焼却炉か何かだとばかり思っていた。

柄物のスカーフを頭に巻いているセヴィ。私も真似をして、豆絞りの手ぬぐいを姉さんかむりした。料理は言葉が通じなくとも、見ていれば分かるので、サリマさんがいなくてもだいじょうぶ。

私は写真を撮りながら、日記帳に箇条書きでどんどんメモをしていく。川原さんもカメラをかまえ、ムービーで撮ってくれている。

台の上に、あらかじめ用意されているのは――

5センチ角にぶつ切りにされた赤身の牛肉1キロくらい、米8カップくらい（ぬるま湯に浸してふやかしてある）、にんじんたっぷり（米と同量くらいだそう、長さ7～8センチの細切り）、玉ねぎ1個（半分に割り、厚さ1センチに切る）、にんにく4個、ボウルに入った赤っぽいオイル（なめてみた。赤いのはパプリカのせいだろうか、炒め物か何かに使った油みたい）、塩、クミンシード、粉末こしょう。

①牛肉に塩をもみこむ。

②たっぷりのオイルを鉄鍋で熱し、こんがりと焼き目がつくまで牛肉を焼きつける（鍋から炎がはみ出るくらいの強火）。

③玉ねぎを加えて炒め合わせる。しばらく放っておき、ぐつぐつとオイルを煮立て、揚げ焼きのようにする（枝はくべず、自然に火力を落とす）。

④玉ねぎがこんがり色づいたら、にんじんをかぶせるように上にのせる。にんじんでふたをして、肉と玉ねぎを蒸し焼きにしている感じ。そのまましばらく放っておく（この間、セヴィは枯れ木をくべて燃え上がらせたり、燃え尽きるままに任せたりと、火加減を調整していた）。

⑤塩をふり、全体を混ぜる。フライ返しで押さえてみて、にんじんがちぎれるくらいのやわらかさになったら水を加える。にんにくを丸ごと皮つきのままゴロンと加え、強火でガンガン煮込む。途中、塩とこしょうで味をつける（このあたりからサリマさんが通訳してくれた）。

⑥浸けておいた米は、バケツにくんだ水で2度洗い、とぎ汁は畑にまく。
⑦スープが煮え立ったところに米を加える（まだ強火）。水分が減ってきたらクミンシードを小さじ½ほど加えて全体を混ぜ、平らにならす。水が足りないようなら足す（フライ返しの柄を伝わせ加えていた）。
⑧フライ返しで底からすくい上げ、山の形にする（火加減は熾《お》き火）。ときどき山をくずしてざっくりと混ぜ、均等に熱がまわるように。全体に熱がまわったらまた山にし、フライ返しの柄の先で10ヶ所くらい空気穴をあける。
⑨米の上にアルミ皿をかぶせ、さらに上から大きなボウルを逆さにしてかぶせる（炭をかき出す）。5分ほど蒸し炊き。
⑩水分がなくなったらもういちど表面をならし、再び山にして穴をあけ、さらに蒸らす。
竈が低いところにあるので、セヴィは始終腰を曲げっ放しだった。それでなくても暑いのに、枝をくべて赤々と炎を燃やしたり、燃え尽きるまで放っておいて熾き火にしたり、炭になったのをかき出したり。ときおり背を伸ばし、汗をぬぐって、どんな作業もお喋りしながら、何でもなくやっていた。

この村の女たちにとっては、竈の火力を操るのも料理のうちなのだ。私も川原さんも、ただただ感心して見ていた。庭で採れた杏の実を齧りながら。

サリマさんがぶどう棚の下でサラダを作りはじめた。まな板を使わず、ボウル（金属の洗面器）の上で手際よく包丁を動かしている。子どもたちは手伝いをしたがって、サリマさんにつきまとっている。
①皮をむいたきゅうりを大きなボウルの上から切り落とす。トマトもひと口大に切り落とす。
②玉ねぎは別の小さなボウルに切り落とす。塩をふって軽くもんでから①の大きいボウルに加え、両手でざっくり合わせる。
③畑から摘んできたシリー（ディル）、ギンザ（香菜）をまな板の上にのせ、半分に切りそろえてから細かく刻む。②の大きなボウルに加え、ざっくり混ぜて塩で味をととのえる。めいめいの皿に盛りつける。

ビニール袋に入れて冷凍してあったチャッカ（早めに出して自然に解凍しておいた）を器に取り分け、水でのばしている。チャッカはヨーグルトとは違うんだろうか。これまでずっと気になっていたので、作り方を聞いてみた。

サ「まず、搾り立ての牛乳を、肌と同じくらいに沸かしたところに、古いチャッカをスプーン1杯ほど加えます。よく混ぜて、布巾をかぶせてひと晩おきます。翌日、布の袋に入れてぶら下げ、水分をこします。決して絞ってはいけません。そこに塩と少しの水を加えて、クリームのように混ぜればでき上がりです。私も家でするときには、いちどに作って、このように冷凍をしています」

チャッカはマンティ（ウズベク風の蒸し饅頭）のソースにしたり、ラグマン（トマトスープのうどん）にサワークリームのようにのせたり、ご飯を入れてお粥にしたりもする。冷たい水でのばし、刻んだきゅうりとディル、トマトを少し加えたら、ウズベク人が大好物の夏のスープになる。これがチャロップ。泉のある寺院で、おとつい飲んだ。

2時に昼食。

プロフ（大皿に山型に盛られ、てっぺんに皮ごとにんにくと牛肉が飾ってある。丸のままのにんにくも牛肉も、フルカッツさんが慣れた手つきで切り分け、私たちのお皿によそってくれた。家族のためにいつも家でやっているんだろうな）、サラダ、チャッカ、ナン、グリーンティー＆ブラックティー。

太陽は真上。タプチャンは陽が当たりすぎるので、私たちはテラスで食べている。それでも背中が暑くてたまらない。奥の席に座り直し、途中からサングラスをして食べた。プロフはとてもやさしい味だった。にんじんの甘みがきいている。あんなに油をたっぷり使っていたのに、脂っこく感じない。サラダとの組み合わせもバッチリ。日本に帰ったら、ぜひ作ってみよう。

昼食後、お隣にナン作りを教わりに行く。

胸に手を当て、「アッサラーム（こんにちは）」と声をかけながら門をくぐった。日陰に布を敷いて足を投げ出し、ひとりお茶を飲んでいたおばあさんが、カラカラと大声で笑い、座ったまま大きく手を振って招き入れてくれた。

離れの小屋では、もうナン作りがはじまっていた。私は急いで頭に手ぬぐいを巻き、カメラをかまえる。

若奥さんは動物の皮（あとで聞いたら、牛の皮をなめしたものだそう）の上に広げた小麦粉（ふるいにかけたあとだったのかもしれない）を、チリトリを小さくしたような道具で集めてはすくい取り、金ダライに加えている。毛布が洗濯できそうなくらいに大きなそのタライには、すでにぬるま湯が入っていたらしい。

サ「熱いお湯と水を混ぜて、肌よりちょっと温かいお湯にして、今はそこに、小麦の粉を加えているところです」

今日は、5日分の家族のナンを焼く日なのだそう。粉は10キロ、これで12枚のナンができる。粉が全部入ったら、古い生地（前回、発酵させたナン1枚分を焼かずにとっておいたもの）を加え、こすり合わせながら混ぜてゆく。まとまるにつれ体重をかけ、両手を肘の方まで使って、ごしごしと洗濯するみたいに混ぜる。お湯が足りないらしく、若い女の子（義妹だろうか）がやかんの湯を加えた。

私「この小麦粉は、電気でひいた粉ですか？」

サ「そうです。これは白いパンになります。白いパンもおいしいですけれど、水車小屋の黒い粉のパンもおいしいです。それに黒い粉は、キンコ（健康）にいいです」

若奥さんは土間に下り、肘の上の方までまんべんなく粉をまぶした。腰を曲げ、両方の握りこぶしで生地をぐいっと押しては、手首を向うに倒すのくり返し。仔牛1頭分くらいありそうなひとかたまりを、餅つきみたいにひっくり返すのもひとりでやっている。サリマさんとおしゃべりしながら。真っ赤なスカーフを頭に巻いた若奥さんは、イタリア女優のよう。前屈みになるたび、花柄のワンピースの大きく開いた胸元で、おっぱいの谷間がゆさゆさ揺れる。

私も真似をしてやってみる。生地は思ったよりねっちりとして、私の力ではほとんどへこまない。若奥さんみたいに体重をかけてみてもだめ。パンを練るのはけっこう自信があったのだけど、自分の腕がか細く、へなちょこに見えてくる。うどんをこねるみたいに足で踏みたいくらいだ。

しばらく練って取り出すと、果物ナイフで切り分けはじめた。3歳くらいの息子（金髪のロシア顔）がおっぱいをさわりにきても気にせず、目分量で次々と分けている。秤で量ったりしなくてもほとんど同じ大きさ。ちょうど12個のかたまりができた。

ひとつひとつを軽くこね、丸めるのを私も手伝った。さっき、やかんの湯を注ぎ足していた女の子も手伝っている。女3人でどんどん丸くまとめていくこの感じは、子どものころ、祖母と母がつきたてのお餅で鏡餅をこしらえていたのにそっくり。大きさもそっくり。

丸めた生地は、布団の上に広げたクロスに隙間をあけて並べ、さらに上から布団をかぶせた。このまま60分ほどかけて発酵させるのだそう。作業をしている間中、川原さんはずっとムービーを撮っていてくれた。

いちど民宿に戻って、休憩する。

1時間後、ナン焼きを見学。

私たちが見にいったとき、若奥さんは庭の奥にあるパン焼き小屋で、竈の番をしているところだった。

熾き火になるまでの間、膨らんだパン生地をピザのように手の平で伸ばしておく。ところどころ錐《きり》で穴を空けてから（おばあさんが手伝っていた）、右手にはめた丸いグローブみたいなものの上にのせると、表面を水で濡らし、パン窯に腕を突っ込んで壁中に貼りつける。

若奥さんはこの炎天下、長袖の上っ張りを羽織り、目だけ出して、赤いスカーフを頭から鼻の上までぐるぐる巻きにしていた。窯に貼りつけるとき、そうとうな熱が上がってくるからだとあとで分かった（私も一度だけやらせてもらった。入り口近くの壁に貼りつけるだけでも、熱風に煽られ、まつ毛が焦げそうだった）。

ナンが焼けるまでの間、ぶどう棚の木陰で休んでいたおばあさんに手招きされ、お茶をよばれた。窯から出したてのナンもごちそうしてくださった。

私たちがこれまで食べていたナンは、いつも堅めだった。それは、焼いてから時間がたっているからだとばかり思っていたのだけど、焼きたてのナンもやっぱり堅く、みっちりと詰まっているのだった。皮がパリッとぶ厚くて、膨らみもほとんどなく、ちぎった角で唇が切れそう。

水を張ったスープボウルを真ん中に置き、熱々をちぎってはそこに浮かべ、みんな水を吸わせてから食べている。サリマさんもソビエルもみな、それがいかにもごちそうというふうに、とてもおいしそうに食べている。私たちにもやれという。

試してみたけれど、せっかくの焼きたてがビショビショになって水っぽいし、冷たくてあまりおいしく感じない。でもこれは餅つきのとき、つきたての熱々に大根おろしをたっぷりからめて食べるのを、心底楽しみにしている私たちと同じなのかも。

民宿に戻り、川原さんとしばし休憩。荷物を整理したり、ごろごろしたり。ベッドに腹ばいになって私は日記をつける。

旅行会社と連絡がつき、「サマルカンドのホテルも、ナン工房の見学も、どちらもキャンセルができました」とサリマさんが知らせにきた。やった！　これで、もう1泊できることになった。

散歩がてら、きのう行ったガーデンにサリマさんを連れてゆく。ファリドンもいっしょ。きのう、泥塀の隙間から覗いていた子どもたちは、今日は塀の上から顔を出していた。

私たちの前をサリマさんとファリドンが並んで歩いている。学校のことや、将来のことやら相談しているらしい。年の離れた姉と弟のよう。

帰り着くと、セヴィが洗濯物を干していた。原っぱ（雑草に混じって小麦が育っている）の木と木の間に張りめぐらされたロープに、色とりどりの子どもたちの服が隙間なく並んでいる。赤、オレンジ、ピンク、黄色、水色。

サリマさんがタプチャンに腰かけると、すかさず子どもらがよじ上ってきた。ドゥルドーナとグルゾーダにまとめ髪をほどかれても、されるままになっている。まるでお母さんのよう。

サリマさんは、この村に来てから顔つきが変わった。とてもくつろいで、家族との時間を楽しんでいるのが分かる。里帰りしたお嫁さんみたいでもある。今までは仕事だからと気を張って、つっぱらかっていたのかも。私たちにいろいろと通訳して教えてくれるのも、自然に心からわいてきているような感じがする。でもそれは、私の方こそがリラックスしているから、そんなふうに見えるのかな。

もうひとつ、忘れずに書いておこう。サリマさんの荷物がとても少ない（ピンクの小さな手提げカバンひとつだけ。私たちの両替のための紙幣がぎっしり入っている）のは、2組しかない服を着回しているから。空港ではじめて会った日に着ていた刺繍の赤いブラウスと、長袖のピンクのシャツ。下はデニムのスカートと黒いパンツだけ。女の通訳さんはおしゃれをしたがる人も多そうだけど、サリマさんは質素なんだと思う。石けんも、泥レンガのようなかたまりひとつをビニール袋に入れて持ち歩き、顔や体はもちろん、髪も洗うし、洗濯もしている。

シャワーを浴びるとすぐ、サリマさんが呼びにきた。

サ「夕食のディムラマをセヴィが作りますが、見学しますか？」

私は髪が濡れたまま、ひとりで下に降りる。川原さんはベランダで涼みながら、カメラの写真整理をしたいそうなので。

「ディムラマ」というのは、ウズベク風の肉じゃがみたいなものだ。今日は外の竈ではなく、台所のガス台で作る。
①大きめに切った牛肉を、厚手の鍋でよく焼きつける（油は多め）。
②くし形切りの玉ねぎと、皮つきにんにくを加え、にんにくのフチが茶色くなるまでよく炒める。
③乱切りにしたにんじん（たっぷり）とトマトのぶつ切り2個を加え、油をからませるようにじっくり炒める。
④大きめに切ったじゃがいもを山盛りに加え、炒め合わせる。
⑤トマトペースト（生をつぶして煮込んだ自家製）を加え混ぜてから、クミンシードをふる。
⑥水を茶碗1杯加えてふたをし、蒸し煮にする。
⑦しばらくして水をたっぷり加え、ふたをしてとろ火で煮込む。
⑧じゃがいもがやわらかくなったら塩で味をつけ、刻んだギンザを加えて軽く煮る。
⑨スープと具に分け、盛りつける。

以上、レシピを教わったというよりは、セヴィの動きを私が見て、勝手に写真を撮ったり、メモしたりしていただけ。それで充分に分かるので。

サリマさんもにんじんを切ったり、じゃがいもを切ったりと手伝っていた。赤ん坊のサビーナは、ひとりでおとなしくきゅうりなどかじっていた。

コンロの前で炒めたり混ぜたりするのは、ほんのちょっとの時間だけ。女同士で世間話をしながら、油まかせ、鍋まかせだ。

サ「彼女の旦那さんは、ロシアに出稼ぎにいっているので、ちゃんとごはんを食べているかどうか心配だそうです。女の人に浮気してないかというのも、心配だそうです」

聞いてもいないのに、サリマさんは楽しげに通訳してくれる。

私が台所の戸口に立って、髪を乾かしながら「ディムラマ」作りを見学している間にあったこと。シャフリゾンが網袋いっぱいのトマトを抱えて帰ってきた（昼間見た雑貨屋さんに買いに行ったのかな？）。ウミダが庭のたたきを一心にほうきではいていた。フルカッツさんは、タプチャンでごろ寝。

しばらくしてファリドンもやってきて、ソビエルが指揮をとり、4人で掃除をはじめた。でこぼこしているところをヘラで削って平らにしたり、バケツにくんだ水をたたきに撒いたり、菜園に撒いたり。今日は、子どもたちで掃除をする日だったのだそう。

8時に夕食。

今日もタプチャンで、フルカッツさん、サリマさん、川原さんと4人で食べる。

ディムラマ（牛肉がやわらかく、じゃがいももホクホクして、じんわりとやさしい味つけ。煮汁のスープもとてもおいしい）、サラダ（きゅうり、トマト）、チャッカ、ナン。

ここは日暮れの時間がとても長い。ゆっくりと日が落ち、あたりが蒼くなってからも、ずいぶん長いこと蒼いまま。なかなか暗くならない。そうサリマさんに伝えると、「日本に行ったとき、夕方がチョトしかなくて、急に真っ暗になるので、本当におどろきました！」。フルカッツさんにもウズベク語でそう伝えていた。

夕食後も部屋へは戻らず、タプチャンでくつろぐ。

ソビエルがパソコンを出してきて、ダルバン村の紹介ビデオ（観光用にお兄さんが作ったのだそう）を見せてくれた。おばあさんもセヴィも、子どもらも、ぽつりぽつりと集まってきた。みんなこのビデオが大好きらしく、見るのを楽しみにしているみたい。

ビデオが終わってからも家族団らん、お茶を飲みながら涼んでいる。ファリドンが「見ててよ」と大人たちに言いおいてから、シャフリゾンと腕ずもうをしたりして。

私が子どものころの夏休みもこんなだった。毎年、母の実家に遊びにいっては、従兄弟たちと川で遊んだり、大勢で食卓を囲んだり。祖母は料理が上手で、世話好きで、とてもほがらかな人だった。

昼間ナン作りを教わったお隣の70歳のおばあさんも、コメディアンみたいに明るい人だった。木陰の布に足を投げ出して座ったまま動かず、なにやら叫んでは、手をたたいて大笑いしていた。いちいち冗談を言って笑いをとっているらしいおばあさんは、きっと、近所中の人気者だ。私たちにまで歯のない口を広げて見せてくれた。帰りしな、私はひと粒だけ残っていた龍角散のど飴を、ゴホゴホと咳をしてみせながら、「のどにいいから」と手渡した。急に真剣な顔つきになったおばあさんは、セロハン包みを開いたアメを目の高さまで持ってきて眺め、匂いをかいでから、大切そうにまた包み直し、頭に巻いていたスカーフをほどいて結び目に挟んだ。

一緒にお茶を飲んでいた、あき竹城に似たおばさん（ナン作りを教えてくれた若奥さんのお母さんなのか、近所の人なのかよく分からなかった）は53歳。それまでいっしょに大笑いしていたのに、私が同い年だというと急に淋しげな顔になった。

サリマさんによると、ウズベキスタンのほとんどの女たちは15歳で結婚して、子どもを生み育て、働きづめなのだそう。どこの家にもナンを焼くための窯があり、家族の食べる分はお嫁さんがひとりで焼く。農作業に掃除、洗濯、子どもたちの世話で、早く年をとるのは当然なのだそう。彼女たちに比べると、肌の色がうんと白い細腕の自分が、怠け者で贅沢女のような気がしてくる。私はなんだか、申しわけないような、はずかしいような気持ちになった。

夕食後、歯をみがいて11時に寝る。

6月13日（木）晴れ

6時半に起きた。ゆうべ夜中にトイレで起きたとき、星がものすごかった。

あれは何時くらいだったんだろう。

おとついと違って、1階のテラスの電気もぜんぶ落としてあったから、真っ暗闇で、小さな星までよく見えた。天の川も見えた。空の黒いところより星の方が多いくらいだった。

カエルが鳴いていた。牛が鳴いていた。虫が鳴いていた。植物たちも、いきいきと濃い緑の息を吐いていた。植物は昼間、灼熱の太陽から身を守るために息をひそめ、じっとしていたんだと分かった。

ベッドがタプチャンの布団と同じ大きさで、幅が狭いから、寝返りを打つたびに体をずらさなければならず、目が覚めてしまう。そんなとき外では、犬が順ぐりに吠え、それに応えるように牛も鳴いている。この村は、動物も自然も夜の方が騒がしい。私がそれに慣れるまでには、もう1日かかりそうだ。

7時半、朝食。

きのうと同じ朝ごはん。ナンに切り込みを入れ、杏のジャムとチーズを挟んで食べた。そのあとですぐにお茶を飲むと、ハーッと、ため息がもれるほどおいしい。ハエがたかっているのもまったく気にならなくなった。というか、ハエが目に入らない。見えない。

今日もまた、暑くなりそうだなあ。

8時半、このあたりでいちばん大きな都市、ボイスンのバザールへ。フルカッツさんの車で出かける。ソビエルも街で用事があるらしく、同乗することになった。

キラキラと水面がまぶしく光る河沿いを走った。私も川原さんも窓を開け、写真を撮った。

村を見渡せる小高い丘のようなところで、みんな車から降りた。腰に手を当て、石垣に片足を立てかけているソビエルは、ここからの眺めをとても自慢に思っているらしい。写真を撮れと言っている。とてもありふれた景色。何がすばらしいのかよく分からなかったので、私は、石垣の脇に生えているずんぐりとした野生アザミの写真を撮った。

バザールは思っていたよりずっと大きく、とても賑やかなところだった。サリマさん、川原さんと、まずは日用品の店が集まっている場所へ。布屋、食器屋、台所道具屋など、同じような店をいくつも見てまわった。雑貨屋（水やお菓子、食器や布地など何でも売っている）で、量り売りのおばさんからビニールのテーブルクロスを2種類買った。いかにもウズベキスタン風の大きな花柄のもの。川原さんも同じ柄のを1種類買った。お祭りの夜店みたいなところで、小花模様の小皿も買う。公衆トイレにも入った。

チャイハナで休憩。

川原さんがお腹を壊し、車に戻って休んでいることになった。私とサリマさんだけで食品のバザールを見学する。

じゃがいも、玉ねぎ、にんじん、キャベツ、スイカ……同じような八百屋がいくつも並んだアーケードを抜けると、明るい広場に出た。

20メートルばかり続く細長い机の上に、いろんな種類のナンを積み重ねて売っている。対面にはおじさんやおばさん、少年も座っている。家で焼いたナンを持ち寄り、ここで売っているらしい。真ん中にスタンプが押され、まわりがふっくらと膨らんだやわらかそうなナン。つやのあるもの、ないもの。バターがたっぷり入っていそうな、本当に大きなお盆くらいあるパイ生地のようなナン

（ノンというのだそう）や、四角い食パンもあった。パンの種類もいろいろだけど、売っている人たちの顔つきもいろいろだ。

どれもおいしそうなので、いちばん料理が上手そうな顔つきのおばさんを選んで、ノンを1枚だけ買った。口もとから金歯がのぞく、金色のイヤリングに、金の首かざりのおばさん。これは民宿の家族へのお土産だ。

ナン屋の後ろの日陰では、シャシリクの屋台が香ばしい煙を上げている。マンティの蒸したてをお皿に盛っている女、ショルバを空きビンに詰めている男（持ち帰り用らしい）。店番のいないコンロの上に中華鍋がのっている。かぶせてある布をめくったら、にんじんがたっぷり入ったプロフだった。

奥の方には校舎風の食堂らしき建物があり、ひさしの下にタプチャンがいくつも並んでいた。ウズベク帽をかぶったヒゲのおじいさんたちが、車座になってお茶を飲み、スイカなど食べている。白い立派なあごひげの、仙人みたいなおじいさんもいる。

ここに来られなかった川原さんのために、私は次々と写真を撮った。撮る前にカメラを指差し「撮ってもいいですか？」と、日本語でずかずかと伝えながら。

ここの人たちは、私が日本人だからといって物珍しそうにするでもなく、普段のままそこに集まっていた。あたり一面、昼ごはんの活気に満ち、照りつける太陽のもと人々がすれ違ったり、盛りつけた料理の皿をいちどにいくつも運んだり、食べたり飲んだり、食堂から出たり入ったり。なんだか、いきいきとした運動場みたいなところだった。

12時ごろ、昼食。

バザールから少し離れた通り沿いの食堂へ。ここは羊のタンドリーが名物だそうで、ソビエルのおすすめの店。とても賑わっていて、テーブル席がようやくひとつみつかった。前のお客さんが食べ散らかした食器が、片づけられずにのったままだったけど、ソビエルはかまわずに座ってしまう。

まずはじめに出てきたのは、いつものサラダ（トマトが多め、きゅうり、玉ねぎ）、ナン、チャロップ（細かく刻んだトマト、きゅうり、香菜、ディル。ここのはガス入りのミネラルウォーターで溶いてあり、泡立っていた）。

羊のタンドリーは、骨つきの肉にクミンシードやチリなどのいろんなスパイスをまぶしつけ、ひと晩ねかしてから竈で焼いたもの。山盛りの肉の上に、生の輪切りの玉ねぎがたっぷりのっている。黒いかたまりはレバーだそう。大きいのがゴロンと盛り合わせてある。

ソビエルは皿を取り上げて、奥に入っていった。

サ「レバーはあまりおいしくないので、返しにいきました。その分、肉を増やしてもらいます」

皿が戻ってくるなり、みんなは肉にかぶりついた。ウズベキスタンの人たちの大ごちそうみたい。私もかぶりつくが、冷めているので脂が固まって、日本人にはちょっとハード。1本を食べるのがやっとだ。

みんなが食べている間、川原さんはめまいがするといって、日陰のタプチャンで横になっていた。私もなんとなく元気が出ない。この店を、あまり好きではないみたい。

食べ終わって帰るとき、フルカッツさんは川原さんが立ち上がるのを遠巻きに見守っていた。その横顔が父親のようにやさし気だったのを、私は盗み見た。そして、川原さんがサンダルを履こうとしたら、いつの間にやらそばに立ち、履きやすいよう足でサンダルを寄せたりしていた。わざわざみたいに手でしないところが、フルカッツさんらしい。

川原さんに「タンドリーはどんな味だった?」と聞かれ、「うーん、熱々だったらもっとおいしかったかもしれないけど……」と答えた。そのときサリマさんがすぐそばにいたのだけど、私は頭がぼんやりして、日本語が伝わってしまうことを忘れていた。

「ウズベキスタンの場合は、冷めたものを食べます。その方がおいしいと感じます」。サリマさんはちょっとムッとしながら言った。

それで分かった。きのう焼きたてのナンを水で冷やしていたのは、やっぱりごちそうだったんだ。

1時半ころ、民宿に帰ってきたら、ウミダが自分の着ていた服を庭で洗濯していた。銀色の水差しに水をくみ、たらいでゴシゴシ。

川原さんはすぐに横になった。私は何をしていたのだろう。シャワーを浴びて、洗濯をして……そうだ、ベランダの椅子をふたつ並べて足をのせ、カメラに保存してある写真の整理をしながら、日記をつけていたんだった。

ベランダから下を覗くと、腰を折り曲げたおばあさんが、地面に落ちた杏の実を拾っている。日陰に干して、干し杏を作るのだ(きのうサリマさんがそう言っていた)。

サリマさんは1階のベランダで、バザールで出会った人に日本語を教えている。

今日は私も、このままどこへも出かけずに日記を書いて過ごそうと思っていたのだけど、「洞窟に行きませんか？」と、夕方サリマさんが誘いにきた。そこはさっき、バザールの帰り道に車中でみつけた、山の中腹にあいた穴のこと。ソビエルは「ホール」と呼んでいた。

夕方といっても5時半を過ぎたところで、まだかなり明るい。迷ったすえ、出かけることにする。

川原さんのことが心配だけど、あとでおばあさんがカリンを煮出したお茶を作ってくれるという。庭のカリンの木の葉と花を煮出すらしい。ファリドンが木に登ってとってくれるのだそう。

サ「ウズベキスタンの人たちは、お腹を壊すと、みなこれを飲みます」

川原さんはきのう、プロフ作りを教わっていたときに、調子にのって杏の実を食べ過ぎたそうだ。体によさそうな気がして、私も朝ごはんによく食べていたけれど、ウズベキスタンの人たちは、とくに朝食では果物をあまり食べないようにしているんだそう。お腹を壊すから。

これまで川原さんはずっと元気だった。この暑さだし、旅の疲れもたまってきたころだから、きっといろいろなことが重なったのかもしれない。私も頭がぼんやりして、なんとなしに夏バテのよう。

シャフリゾンに階段の下で会ったので、「一緒にホールへ行かない？」と誘ってみた。

シ「シュアー！　アイ　ウィル　ゴー　ホール」

シャフリゾンは野球帽をかぶり、運動ぐつに履き替えてきた。紺色のくつ下を伸ばして履いている。サリマさんはビーチサンダルのまま。

私たちは、ガーデンや河がある方の道とは反対の方向に歩いてゆく。

鉄の大きな門を曲がったところで、いきなり目の前がひらけた。草原の先にはなだらかな丘が広がり、小高い山々につながっている。太陽は今、左の山の少し上。

木柵に囲まれた広場は墓地だろうか。こんもり盛られた土のひとつひとつに、石の板が立っている。西陽が照り返すなか、遠くの方にぽつりぽつりと赤茶けた牛がいて、草を食んだり、寝そべったりしているのが見える。

先頭に立ったシャフリゾンは、石がゴロゴロしているところをよけて通りながら、ゆるやかな斜面を登ってゆく。みごとな眺めに思わず私が声を上げると、ちらっと振り向いて、はにかみながらもとてもうれしそう。きっとここへは、何度も来たことがあるんだろうな。

人ひとりが通れるくらいの道なき道を、尾根づたいに歩く。ここは「ロバの道」というのだそう。昔、村人たちはロバに荷を背負わせ、ここを通って山を越えていた。今でも使われている道らしい。

急斜面になって登るのがきつくなると、シャフリゾンは私の手を握って引き上げてくれた。自分は道からはずれた足場の悪いところに立ち、運動ぐつの小さな足をふんばって。サンダルばきだから、自分の方こそすべりそうなのに、サリマさんも風に煽られながら、手を貸してくれた。

岩山の洞窟に着いた。中に入ると思ったより奥行きがある。ひんやりとしてとても静か。

自然にできた洞窟なのかと思っていたら、放牧の人たちが雨宿りをするために、大昔に掘られた穴なんだそう。山羊たちも入れるよう、奥まで広く掘られている。今でもちゃんと使われているのだそう。暗闇のなかで、シャフリゾンの声が響く。私もここで雨宿りをしてみたい。雨にけぶるダルバン村を、この穴から見下ろしてみたい。シャフリゾンと一緒に。

帰り道、紫色の小さな花がたくさん咲いていた。ラベンダーに似ているような気がして匂いをかいでいたら、シャフリゾンも立ち止まって葉をちぎり、サリマさんに何か説明している。サ「これはアブリックというハーブで、お風呂に入れたり、具合が悪いときに煮出して飲んだりするそうです。川原さんに持って帰ってあげたらどうですか？」と、シャフリゾンが言っています」

私は、喜んで枝を折る。

帰りの道はなだらかだった。向こうの岩棚で、山羊飼いの家族が休んでいた。山頂にいる少年は8歳くらいの牧童だ。雄叫びを上げながらジャンプしたり、切り立った岩の上で逆立ちしたりしている。

山を下り、民家の泥塀を抜けると、ずいぶん大きな木の橋があった。とがった山と山の間をドウドウと流れる河沿いの道を歩いた。草の入ったバケツをぶら下げたお母さんが、ロバに乗った少年と、夕暮れ間近の道を並んで歩いていた。

その河のところで見たのだっけ。シャフリゾンの紺色のくつ下には、植物のトゲがびっしりとついていた。彼は大人になったら、おじさん（民宿を建てたソビエルのお兄さん）のようなガイドになりたいのだという。ドイツ語は得意だけど、英語が苦手だからもっと勉強して、タシケントの「東洋大学」に行きたい。日本語もできるようになりたい。

シャフリゾンは15歳の少年だけど、すでにいっぱしのガイドだった。何があっても落ち着いていて、力もあるし、たよりがいがあるので、子どもだというのを忘れてしまう。けど、前をゆくシャフリゾンがサリマさんとおしゃべりしている声を聞いていると、まだ声変わりしきっていない発音が、『マイライフ・アズ・ア・ドッグ』の主人公にそっくりなのだった。

部屋に戻ると、川原さんは枕を窓側にして寝ていた。おでこに手ぬぐいをのせている。

川「おばあさんが作ってくれたカリンのお茶が、甘くてとてもおいしかった。熱いのを飲んだら、汗がたくさん出て、そのあとはすごくよく眠れた。ずいぶん楽になった」

私は寝ている川原さんに、山で見た景色、どこをどうやって歩いたか、シャフリゾンのことなどぜんぶ話して聞かせる。山のハーブの匂いをかぎながら、川原さんはうん、うん、とうなずいている。

病気で寝ている目の見えない妹に、外の世界であったことを、一生懸命に聞かせ、教えているみたい。薄暗い部屋のなかで、電気もつけずに。

「夕食のヌードルスープを、セヴィが作っています。ウズベキスタンの伝統的な料理で、レストランでは食べることのできない、チョトめずらしいものです。見学しませんか?」と、サリマさんが呼びにきた。

私たちが洞窟に行っている間に、おばあさんとセヴィが小麦の粉を練り、麺を打ってくれたのだそう。

カメラを手に私ひとりで見に下りる。

階段の下の竈(プロフ作りを教わったところ)に火を熾こし、細くて平べったいうどんのような麺をセヴィが煮込んでいる。台の上にはまな板と包丁、菜園の香菜とディルがたっぷり刻んであった。サリマさんによると、山に生えるハーブも混ざっているんだそう。半分はもう鍋に入っている。鍋がぶくぶくと煮立っている。セヴィは腰を曲げ、まな板の残りの香草類を入れて、最後にチャッカを水で溶いて加えた。

8時にタプチャンで夕食。

フルカッツさん、サリマさんと3人で食べる。川原さんはまだお腹を休めたいと言って、部屋で寝ている。

ヌードルスープ（キスカル・オシュというのだそう）、トマトときゅうりのサラダ、ナン、果物（ほんのり赤味が差した小さくて堅いりんごと、普通のプラム、深紅の小さなプラムが大皿に盛り合わせてある）、グリーンティー。

キスカル・オシュは、ヨーグルトが入っているみたいな酸味のあるスープに、コシのない麵。スープにとろみがついているのは、麵をゆでた汁でそのまま煮込んであるから。薄い塩味で、お腹にやさしい味。これなら、川原さんも食べられたかもしれない。

夕食後、懐中電灯の灯りでシャワーを浴び、10時に寝る。

7　サマルカンド、タシケントへ

6月14日（金）晴れ

目覚まし時計の音で、6時半に起きた。とてもとてもよく眠れた。これまでの中でいちばんよく眠れた。

夜中の1時ごろにトイレで起きたとき、空の下の方にまで星があった。芯の芯まで真っ暗闇。丸天井が地球にかぶさっているような空だった。

私はひとりでトイレに行っても、ちっとも怖くなかった。山、地面、木々、草、牛、犬、虫たち、そうして、それらを包む夜の闇……ぜんぶに守られているような感じがしたから。

何度かのどが張りつくように乾き、目が覚めた。そのたんびに私は、寝そべったまま顔だけ横に倒し、ペットボトルの水を飲んだ。ふた口飲んでも、まだ乾く。けれどそのあとも、目をつぶればすぐにすーっと眠れた。気づいたら陽が上って、窓からベカーッと光が差していた。

川原さんはよく眠って、ずいぶん元気になったみたい。顔色もいいし、すっきりした顔つき。

7時半に朝食。目玉焼き、ウインナー（砂漠で食べたのと同じように、両側から花の形に切り込みが入れてある）、ナン、チャッカ、グリーンティー、ネスカフェ、チョコレート、キャンディー。

朝食後、千代紙が貼ってある容れ物（金平糖が入っていたのだけど、中身はヒヴァでキラキラにあげてしまった）と桜の模様の扇子を、おばあさんにあげた。ファリドンとシャフリゾンが並んでいる写真も、記念に撮る。ふたりはお揃いのTシャツに着替えてきた。

ぶどう棚の下のタプチャンに座り、家族全員と写真を撮った。サリマさんも加わって、みんな横一列に並んで撮った。そのとき、フルカッツさんだけが姿を消していたことにあとで気づいた。

部屋に戻って荷物のパッキング。「ここにもう1泊したい。サマルカンドへは帰りたくない」と、川原さんと言い合いながら。

私たちのベランダに少年たちが来た。荷物を下ろしてくれるのだそう。シャフリゾンがファリドンの1歩後ろにたたずんでいる。ファリドンみたいにしゃしゃり出てこないけど、質問をすると眩しそうに笑って、きちんと答えてくれる。

これでお別れなので、ファリドンには12色の携帯用色鉛筆を、シャフリゾンには、旅の間中ずっと使い続けてきた銀色のシャープペンシルをあげた。書いているジェスチャーをしながら、「スタディー……」と言って渡した。しっかり勉強をして、立派なガイドさんになってね、と。はにかみながらもうなずくシャフリゾン。伝わったみたい。ファリドンには申しわけないけれど、シャープペンシルの方が、色鉛筆よりずっと大切にしていたもの。

川原さんのスーツケースを、ふたりは協力して抱え、階段を下りてゆく。私はリュックだけなので自分で下ろそうとしたら、ファリドンが戻ってきてかついでくれた。

別れの挨拶をして、車に乗り込み、9時前に出発。

窓の外を眺めていても、私はちっとも景色が目に入らない。さっきまで一緒にいた家族のことを思い出し、涙が出る。

抱き合ってさよならを交わしたとき、おばあさんが言っていた言葉を、川原さんが教えてくれた。

「山は出会うことはできないけれど、私たちはまた出会える」

——山は動けないけれど、人には足があって自由に動けるから、私たちはまた、いつでも出会うことができる——ウズベキスタンのことわざだそう。

シャフリゾンのことも思い出す。

きのう、洞窟から出るとき、入り口のところでアリ地獄をみつけたシャフリゾンは、急にいたずらっぽい顔つきになった。すり鉢状の砂にそっと指を入れると、少しだけ掘って、中に潜んでいる黒い虫を私に見せた。そのときの手つきがびっくりするほどやさしく、大人びていたっけ。

シャフリゾンがあんまりいい子で、私は日本に連れて帰りたいくらいだった。というより、この切なさは恋心とちっとも変わりない。私が少女だったら、せいせいと、まっすぐに、恋をしただろう。

石切り場のガタガタ道を通る。また、砂埃だらけ。どこまでも続く砂漠の一本道。空は真っ青。

途中でガソリンスタンドに止まった。道路からはずれたただっ広いところにぽつんと四角い建物があり、車が1台だけ停まっていた。映画の『バグダッド・カフェ』に出てきそうなところ。

フルカッツさんがガソリンを入れている間、私と川原さんは順番にトイレへ行って、日影のベンチでお茶をよばれた。赤い花のティーポットがとてもかわいらしい。ひと昔前の物なのかな。ポットの把手とふたのつまみが、二重にした糸でつながれている。注ぐときにふたが落ちないようにするためなのか、それともふたをなくさないようにするためなのか。川原さんはスケッチブックに絵を描いている。こんなティーポットがどこかにあったら、お土産に買って帰りたい。

12時半に、ポプラの木陰のレストランで昼食。

青々とした背高のっぽのポプラが何本も植わった、広場のレストラン。「40本のポプラの木」という名前があるのだそう。

木漏れ日がちらちらしている地面には、打ち水がしてある。ところどころに水がたまっているので、気をつけて歩かないと足が濡れる。外に比べるとここはずいぶんと涼しいのだけど、撒いても撒いてもすぐに乾いてしまいそう。だからきっと、たっぷりめに撒いてあるのだ。

青と黄色のヒマワリ模様の食卓が、いくつも並んでいる。広場の方はほとんどが空席だけど、水路の上に渡されたタプチャンは、家族連れで賑わっている。水の上はやっぱり涼しいんだろうか。あそこに座ってみたかったな。

私たちは、日影の大きめのテーブルに席をとった。

サ「日本語では鶏のもも焼きと言いますか？　英語ではスパイシー・チキンと言いますね。ここは、その料理がとても有名ですから、ぜひ、食べましょう」

川原さんはお腹がすいてきているみたい。ラグマンだったら食べられそうだと言う。

まず初めに出てきたのは、いつものサラダ（皮をむいたきゅうり、トマト、玉ねぎ、イタリアンパセリ）とナン。ショルバ（じゃがいも、にんじん、牛肉がゴロゴロと煮込まれたコクのあるスープ）、ラグマン（角切りのじゃがいも、玉ねぎ、にんじん、牛肉、刻んだねぎ。ここのはトマトが入っていなかった）も、次々に運ばれてきた。

フルカッツさんはいつものように、ナンをちぎってみんなに配った。私が大皿からサラダを取り分けようとすると、横から手を伸ばし、支えてくれる。傾けたお皿の縁をフォークで押さえ、余計な水分が入らないようにもしてくれる。フルカッツさんの家族は、奥さんと娘さんだけだそうだから、女の人の手助けをするのが当たり前だと思っているような、何でもない感じで。

スパイシー・チキンは、いちばん最後に出てきた。お皿から骨がはみ出すくらいに大きな鶏のも肉に、ところどころクミンシードがはりついている。

これが、たまらなくおいしかった。

私「スパイシー・チキンの作り方を、ぜひ教わりたいです」

サ「では、お店の人に聞きに行ってきます」

私「私も一緒に行きたいです！」

広場の奥へ歩いてゆくと、大きい方の建物の外に、羊の肉が一頭分吊るされていた。その隣にある、シャシリクやショルバの絵がペンキで描かれた小屋の中で、エプロンをしたおじさんひとりと、手伝いの若者が立ち働いている。ここが厨房らしい。

大きな大きなセイロから湯気が上がっている。ふたを取ると、モウモウと上がる湯気の中に、スパイシー・チキンののったお皿が重なるように並んでいた。

私はそれを指差し、肉にかぶりついているふりをしながら「ヤフシ（おいしいです）」と伝える。すかさずサリマさんが通訳をしてくれた。

コックのおじさんは、スパイスの容れ物のふたを開けながら、筒型のやら四角いのやら、次々と出してきてくれた。

私はそのひとつひとつの匂いをかぐ。ウズベク語でおじさんが名前を教えてくれるのだけど、言葉は分からなくても、何のスパイスなのか匂いですぐに分かった。

クミンシード（ジラと言った）、コリアンダーの粉（カシニッチと聞こえた）、カイエンヌペッパー、パプリカ（「干したトマトの粉です」とサリマさんは言っていたけれど、やっぱりパプリカの匂いがした）、あとはにんにくと香菜（ギンザ）。

サ「これらのスパイスを、鶏のもも肉によくぬったら、2時間以上漬け込みます」

漬け込んだ鶏肉は、強火のフライパンで表と裏をカッチリと焼き、お皿にのせてセイロで蒸し上げる（ここのところのレシピは、コックさんの身振り手振りで分かった）。

まわりは焼き目がついていて香ばしいのに、中の肉が驚くほどやわらかく、肉汁もまったく逃げていなかったのは、そういうわけだったのか。

私は大きくうなずいて胸に手を当て、心をこめて「ラフマッ（ありがとう）」と言った。日本に帰ったら、ぜひ作ってみよう。

サマルカンドへ帰る車は、クーラーがきいてとても快適だった。

「なんか、言葉が通じないくらいの方が、いろんなことが分かるみたい」と、川原さんが言う。

本当に。私もコックさんのことを思い出しながら、まったく同じことを考えていた。

川原さんはきのう、具合が悪くて民宿のベッドで寝ていたとき、おばあさんと対話ができたのだそう。これまでは、何かを聞いたり伝えようとするとき、つい英語が出てきてしまったけれど、おばあさんには英語は通じないと分かっているから、日本語と、身振りと、あとは目で。

心の底からどうしても伝えたいことがある人と、それを本当に分かりたいと願っている人は、心だけで話をするから、言葉がじゃまをしないんだと思う。もしかするとそれは、耳が聞こえない人や、目が見えない人みたいに、どこかの感覚を研ぎすませているってことなのかな。

私は誰かと分かり合えたとき、握手をしたくなる。握手を交わした相手の手に、自分のもう片方の手を重ねたいようなたまらなく嬉しい気持ちになる。

揺れにまかせてうとうとしているうちに、車は山道に入った。

来るときにも寄った山の頂上のバザールで、少しだけ買い物。私はカラカラに干した白い玉のチーズと、ひよこ豆を炒ったもの、ハーブティーを3種類（リモンチャイ、ミントに似た香りの葉、カモミールを大きくしたような黄色い花）買った。

羊肉が吊るされた青空肉屋の前も通った。そしてまた、ガタガタ道。

前のシートでは、フルカッツさんとサリマさんがウズベク語でずっとお喋りをしていた。途中でサリマさんに、「うるさくないですか？」と聞かれたけれど、私も川原さんも好き勝手に過ごしていて、ちっとも気にならなかった。なんだか、小さい家族になったみたいな感じがしていた。車が家の。

4時過ぎ、サマルカンドに到着。フルカッツさんは今夜、友だちの家に泊まるのだそう。ホテルにチェックインし、預けておいたスーツケースを受け取って、シャワーを浴びた。その間、サリマさんは、旅行会社の人とロビーで待ち合わせ。

私は正装のつもりで、白い麻のシャツと黒いパンツに着替えた。「ホテルゼラフシャン」へ、もう一度歩いて3人で向かう。

サリマさんがホテルのドアをノックすると、ロシア系の若い女の人が厳しい表情で出てきた。中を見学させてもらえるかどうか交渉している間、私はドアの隙間から中を覗いた。一面に彫刻がほどこされた白い壁と、黒っぽい木のついたてが見えた。百合子さんのころには、さぞかし高級ないいホテルだったんだろうな。

サ「ここは、以前にはホテルだったそうですが、長いこと放置されていたそうです。今は改装中で、危険ですから中に入ってはいけませんと言っています」

女の人はピシャリとした言い方で、さっさとドアを閉めてしまった。そうか、この間ここにいたロシア顔の痩せた男は、ホテルの持ち主ではなく、ただの職人さんだったのかもしれない。

私は、食堂のガラスにおでこをつけて覗いても、もうちっとも、ドキドキせずにじっくりと眺められるようになっていた。百合子さんたちの姿も、目に浮かばない。どうしてなんだろう。もう、神聖な感じがしない。私はすっぱりとあきらめ、最後に1枚だけ食堂の写真を撮った。

帰り道、スーパーマーケットでペットボトルのレモンティーと、のどアメを買う。ホテルに戻り、3人で明日の予定を相談。

サリマさんは自宅へ帰っていった。ひさしぶりに子どもたちに会えるから、なんとなしに華やいで、嬉しそうだった。

6時過ぎ、散歩がてら川原さんとレギスタン通りにあるレストランへ。たまにはロシア料理が食べたくなったので、サリマさんにおすすめの店を教わった。

夕食はボルシチ（じゃがいも、にんじん、牛肉、ビーツ。牛肉とビーツは細く切ってある）、ペリメニ（ゆで汁に塩とバターを溶かし込んだようなスープ、ところどころにサワークリームを落としてある。具はひき肉ではなく、包丁でたたいてある）、ビーツのサラダ（細切りビーツに干しぶどう。ビーツの甘みがなんともいえずとてもおいしい）、ガス入りミネラルウォーター。

向かいのレギスタン広場には、どこかで見たことのある立派な塔や、門のような建物が立っている。ここはきっと、ガイド書に載っていた有名なところだ。近くまで歩いてみても、コバルトブルーのタイルが真新しく、きらびやかすぎてちっとも惹かれない。そのまま素通りし、レギスタン広場の中を散歩した。

車の大通りを渡ると、音楽がかかっている広場に出た。大きな噴水のまわりに、たくさんの人々が集まっている。

脱脂綿のようなのをお盆に積み上げ、噴水のまわりをねり歩いている綿菓子売りの少年。ヨーヨーのようなおもちゃをいくつも手にぶら下げ、立ったまま売っているプラトーク（ロシアのスカーフ）をかぶったロシア顔のおばさんは、花模様のワンピースに刺繍のエプロンを巻いて、足もとにはピンクの綿菓子のカゴを置いている。

ウズベキスタンの歌謡曲らしき歌が、大音量でかかっている。ひと昔前に流行ったディスコ音楽みたいに、ビートが効いている。石畳の四隅には大きなスピーカーが積み重ねられ、そこから音が鳴り響いている。

どうやらこの噴水は、歌のリズムに合わせて高く上ったり、低くなったりしているらしい。あんまり勢いよく高く高く上るので、跳ね上がった拍子に水しぶきが飛び散り、子どもらが裸足で駆けまわったりしている。

芝生の上のアベック、柵によりかかっている親子連れ、道を挟んだアパートの4階のベランダから、男が頬杖をついてぼんやりと見ている。

賑やかな歌が終わると、ロシア民謡のような懐かしい感じの曲がかかった。

私が子どものころNHKの「みんなのうた」でよくかかっていたのは、「トロイカ」だっけ。

――雪の白樺並木　夕陽が映える　走れトロイカ　ほがらかに　鈴の音高く――に、似ている。

どことなくもの哀しいような音階。「なんとか――かんとか――サーマルカンド――」と、繰り返し歌っている。

噴水の水の動きは、オルゴールの箱の中のバレリーナが踊っているよう。10人ほどが輪になって、急に高く跳ね上がったり、屈んだり、歌に合わせてくるくるまわったりしている。

夕陽が沈もうとしている。いろいろな民族の顔の人たちが、若い人も、年寄りも、子どもたちも、みな好き勝手に集まって、いつまでも動き続けるひとつのものを、ただぼんやりと見ている。私たちもしばらくの間、そこにつっ立っていた。

『犬が星見た』の中にも噴水がよく出てきた。ウズベキスタンの人たちは、噴水が大好きなのだ。暑い一日が終わって、みんな、ここへ夕涼みにきているのだ。くたびれてさえいなければ、私たちも日が暮れるまで、そこに立ち尽くしていたかった。


部屋に戻り、川原さんと順番にお風呂に入った。荷物のパッキングもしてしまう。

同じホテルに泊まるのって、なかなかいいものだな。

砂漠から帰ってきて、この部屋に1泊し、ダルバン村に向かったのは何日前だっけ。あのころにはサリマさんとまだうまくいかずに、お互いが探り合っていた。けど、ダルバン村に行っている間に、いつの間にやらずんずん距離が縮まって、打ち解けることができた。サリマさんと私は、似た者同士なのかもしれない。大雑把なところとか、直感だけでどんどん行動したがるところとか。

ベッドに腹ばいになって日記を書き、10時半に寝る。

6月15日（土）晴れ

6時半に起きる。とてもよく眠れた。

今朝は朝食のあと、ダルニ・ラーゲリ・バザールという蚤《のみ》の市に出掛ける予定だ。

ガイド書によるとそこは、週末だけ開かれるサマルカンド一のフリーマーケット。「古着、靴、錆びたカギの束、ネジ、蛇口、鍋のフタまであらゆるものが並んでいる」とのこと。古いティーポットや食器があるかもしれないと思って。

朝食はコーヒー、ヨーグルト、コーンフレークス（牛乳をかけた）、ハム、白いチーズ、スクランブルエッグ、パンケーキ（前に食べたディル入りの薄焼き）、トマト、きゅうり、黒パン。ハムが変な味がした。きゅうりも、切ってからずいぶん時間がたっているみたい。切り口が乾いていた。ダルバン村の朝ごはんが毎朝とってもおいしかったから、つい比べてしまう。

8時に出発。

車に乗るなり、サリマさんにきのうの噴水の話をする。

サ「サマルカンドの噴水は、とても有名です。夜になると照明が当たって、それはそれはきれいです。私たちの家族も、よく夕涼みに行きますよ」

私は川原さんと「なんとか――かんとか――サーマルカンド――」と、サビのところを歌った。何の歌なのか知りたくて。

サ「ああ、それは、サマルカンドのことを讃《たた》えた有名な歌で、サマルカンドの人たちはみんな大好きです」

そしてサリマさんは歌いはじめた。とても軽い感じで歌ってくれたのだけど、澄んだ声が震えていて、歌手みたいに上手だった。私は、サリマさんの子どもになったような気持ちになった。もっともっと、ずっと歌っていてほしかった。

しばらく走り、ダルニ・ラーゲリ・バザールに到着。

地べたに広げた布の上に、いろいろな種類の品物を並べて売っている。私はまず、刃物やコンセント、置き時計、やかんなど、がらくたみたいな物を売っているおじさんの店で、シャシリクの金串を買った。次の店で、フェルガナ盆地の土茶碗を5つ買ったら、金串を1本おまけでつけてくれた。

しばらくは3人で一緒にまわり、サリマさんに値段交渉をしてもらっていたのだけど、途中から私だけ別行動をするようになった。ひとりでうろうろしながら気に入ったものをみつけ、さっさかと買いたいので。衣服、器、工具などなど、路地によって、売っているものの種類が分かれているらしいことも分かったし。

こういうところ、私はとても得意なのだ。欲しいものをみつけると、まず半分以下に値切ってみる。相手の顔色を見ながらだけど、自分の思う値をメモ帳に書いて、日本語で言う。そうすると、最初はちょっと渋った顔をしていても、しばらくするとたいがいの人がオーケーと答えてくれる。

ウズベキスタンの硬貨の見分けがつかないので、手の平にのせて見せたり、自分の財布を開いて、そこから取ってもらったり。私が喜んでいると、最後にはみんな満足したいい笑顔を向けてくれる。

日本の友だちに似たお姉さんがいる店の前を2度目に通ったら、「写真を撮らせて！」と、声をかけられた。ロシア顔の旦那さんもとても親切。ここではさっき、ソ連に属していたころの印（模様になっている）がついた、アンティークの白いティーポットを買った。割れるといけないからと、旦那さんが、ふたの間にビニールを挟んで頑丈に包んでくれた。もうひとりのおじさんも、自分が食べていた焼きたてのナンをちぎってよこす。「ヤフシ！（おいしい）」と私が言うと、ぜんぶ持っていけという（ここのナンはフカフカで柔らかく、現代的な味がした）。

川原さんがキャベツの葉っぱを頭にのせ、その上から帽子をかぶって向こうから歩いてきた。蚤の市の隣は市場になっていて、スイカや豆、野菜などを売っている店がいくつもあったのだそう。八百屋のおばさんが、キャベツの葉っぱの上からスカーフを巻いていたので、どうしてなのか聞いてみたら、「涼しいからアンタもやりなさい」と、すすめられたのだそう。

川「ひんやりしてほんとに涼しいんだよ。だまされたと思って高山さんもやってみて」

私はやらない。

ここで買ったもの……金串、ぶどうを枝から切るためのハサミ、フェルガナ盆地特産の茶碗、ロシア風の絵のついた木のナイフ、ブリキのフォーク、頑丈そうなカギ（夫へのお土産）、ケーキ皿と白いポット、ざくろの色絵皿、ロシアのおばあちゃんから買った花柄のミート皿、レースがついた白い布（小さな窓用の陽よけ）、手刺繡の布を2枚、黄色い柄ものワンピース（ロシア顔のおばさんから買った。自分で縫ったらしい）、派手な柄のパンツ（ワンピースの下に重ねばきする用）。

ホテルに戻ってシャワーを浴び、私は買ったばかりの黄色いワンピースに着替えた。荷物をパッキングし、12時にチェックアウト。

車に乗り込み、ロシア料理のあるレストランへ。

スペインとかメキシコ風の感じがするおしゃれなお店。ここは観光客向けのレストランなのかな。サーモンピンクの漆喰壁には、刺繡の布が飾られている。トイレにも入ってみた。青と白のモザイク模様のタイル。小窓から外の光が入り、風通しがいい。こんなに可愛らしいトイレははじめてだったので、私はカメラを取りに席へ戻り、記念に写真を撮った。

12時半に昼食。

ニシンとじゃがいものサラダ（細切りのゆでじゃがいも、ビーツ、ニシンの酢漬けをたっぷりのマヨネーズで和え、ドーム状に盛りつけた上に、細かく刻んだゆで卵がびっしり振りかけてある。ロシアのウラン・ウデで食べたサラダに似ている）、なすの温かいサラダ（皮をむいたなす、玉ねぎ、にんじんを炒め、トマトを加えてから、ビネガー、ディル、イタリアンパセリ、香菜で和えてあるみたい）、サリャンカ（私／酸味のあるロシア風のスープ。角切りのハム、じゃがいも、ビーツ入り。レモンの輪切りとオリーブの実がひとつ、ディル、サワークリームがのっている）、ボルシチ（川原／スープはコクがありながらもスッキリとした味。ビーツで染まったキャベツが、紫キャベツみたいになっていた）、黒パン。

料理は何を食べてもおいしく、洗練された味がした。サリマさんとフルカッツさんは、ラグマンといつものサラダ、ナンを食べていた。ちょっと前まで、ウズベキスタンの料理を気に入って食べていたのに、今はロシア人に浮気をしているようで、後ろめたいような気持ち。

食後のお茶を飲みながら、この国の民族のことを質問してみた。きのう、噴水のまわりにいた人たちが、いろいろな顔をしていたから。

サ「はい。ウズベキスタンには、イロイロな顔の人たちがいます。ウズベキスタンの場合は、イロイロな国の人たちの、混血なのです。イラン、ギリシャ、ロシア、韓国……あと、チンギスハーンの末裔の血も混ざっています」

昼食のあと、「郷土史博物館」へ。

ここは「ホテルゼラフシャン」の近くの、大きな公園の向こう側にあるから、もしかすると百合子さんたちが見学した「中央博物館」は、ここのことかもしれないと思って（ガイド書の地図には、「中央博物館」が見当たらなかった）。

『犬が星見た』には、「鮮やかなコバルト色の門をくぐると、粗末な机、水差しと茶碗を前にして、老婆が二人いる」とあるけれど、ここの門は白っぽいレンガ造り。やっぱり、ここことは違うんだろうか。

学校のような、寄宿舎のような、肌色のレンガを積み上げたこぢんまりとした建物だ。40年以上前、ここが中央博物館という名前だったかどうか、受付の女の人に聞いてもらった。

サ「残念ながら、ここは『中央博物館』ではありません。このミュージアムには、この建物の持ち主だったユダヤ人の物が多く飾ってあるそうです。『中央博物館』の建物は別のところにあったのですが、今はもう壊れてしまってないそうです。けれど、展示物の一部がここに飾ってあります。人形たちは、どこかの博物館に保管してあり、2ケ月ほどしたら、このミュージアムにまとめて移されると、おっしゃっています」

大昔の土器の破片、首飾りや勾玉、矢じり、石器、埴輪のような泥人形などがショーケースに並んでいる。博物館のこういう展示物は、日本でもロシアでも、大昔のものはみな代わりばえしない。奥の部屋に熊やカモシカ、キツネ、鳥などの古ぼけた剝製があった。ガラスの向こうには砂が撒かれ、本物の木で森の風情を作ってある。木はすっかり枯れて茶色になり、動物たちも同じような乾き切った色をしている。こういうの、私はあまり好きでない。

石畳の中庭へ出て、次の建物の2階へ上がった。

ウズベキスタンの商人や小説家の写真、新聞の印刷機、あとは、この家の大広間や豪華な客室が、そのまま残されているばかり。この家のユダヤ人は、本当にお金持ちだったのだな。

川原さんはいまひとつ元気がない。体に力が入らず、クラクラするのだそう。サリマさんが携帯電話で連絡し、フルカッツさんの車の中で休んでいることになった。

私とサリマさんは、ひとまわりしてから中庭に下りた。

植え込みの木を見てまわる。松、杏、桜、ナシ、下生えにはヒルガオ、ネコジャラシ。今はバラの花が落ちてしまっているけれど、4月には、白いアカシアの花が咲くのだという。

木陰の緑色のベンチに腰かけ、『犬が星見た』帖を開いて、「中央博物館」のところを読んだ。百合子さんが座っていたのはこのベンチではないけれど、ここのつもりになって。「さっきのおにんぎょさん、わしらによう似てまんな」と、銭高老人が言いにくる次のところから。


中庭を横切って次の棟へ。緑色のベンチ、白い石畳、水飲み場の蛇口から水が滴り流れている。くっちゃくちゃにこぼれ溢れ咲いている真夏の花々。つきぬけるような青磁色の矩形の空。遅れまいと小走りに歩いていた老人がふっと立ちどまった。

「わし、なんでここにいんならんのやろ」老人のしんからのひとりごと。

私もそうだ。いま、どうしてここにいるのかなあ。東京の暮しは夢の中のことで、ずっと前から、生まれる前から、ここにいたのではないか。

（中略）ロシアに住む各種民族の等身大の人形が、立ったり腰かけたりしている。ルパシカや軍服やウズベク衣裳やグルジア衣裳のや、老若男女、とりまぜてある。子供たちも大人たちも、この人形のところが好きらしい。いままで静粛に見学して回っていた子供たちは、ここにくるとおしゃべりになる。しゃがんだり、跳び上ったりして奥の方まで見たがる。

興奮した子供たちは人なつっこくなり、私の服を触って「ヤポンカ？」と訊く。ヤポンカの人形はどれだ、教えてくれ。といっているのだ。

「ヤポンカの人形はないよ。日本はこの地図にはないよ。こっちの方にはみ出たところにある」手真似と日本語で答える。子供たちは、人間はどの人もロシア人、世界中がロシアでその中に日本もあると思っているのだ。

「日本からスードナ（船）に乗ってロシアに来た。それからサマリョート（飛行機）に乗ってサマルカンドに来た。アフトーブス（バス）に乗ってここに来たよ」

わかったかな。三人ばかりが肯いて笑う。悧巧な子だけわかったらしい。食べかけのアメの罐を手に持たせる。子供たちは花の絵の黄色い円い罐を、かわるがわる撫でてみてから「スパシーバ」と、かすれた小さな声で言った。「パジャールスタ」いままでに会ったロシアの太ったおばさんたちを真似て、抑揚ゆたかに悠然と、私は発声してみた。

（サマルカンド一日目。『犬が星見た』より）

私は満足し、トイレの小屋までゆっくりと歩いていった。

桑の実が落ちて、白い石畳のあちこちに、黒紫色のシミをつくっている。石畳は、陽が当たっているところと日影のところが、白と黒にくっきりと分かれている。砂漠や、ダルバン村や、ブハラや、これまで行ったどこよりもここはずっと涼しいのだけれど。

コンクリートの床の真ん中に、白い陶器の便器がはまっていた。その、やけに広々とした掃除のゆき届いたトイレで、ビーツ色のうんちが出た。

車に乗り込み、「ショブ・バザール」へ。

入り口近くには大きなモスクが建っていた。上の方のタイルがはがれ落ち、古びるままに任せている。私はこのくらいの方が好き。生活をしている人たちのための、純粋な建物という感じがするから。

バザールの前の広場には、ロシアのどこかで見かけたのと同じクワス売りが並び、スイカやら、野菜やら売っている。向こうには、観光バスが何台も停まっている。

中に入ると、いろんな種類のナンや野菜が売っていたけれど、川原さんが車の中で休んでいるので、さっさかと歩いてまわる。量り売りのスパイス屋で、山で採れるクミンシード（とてもいい香り）を25グラムと、パプリカの粉を30グラム買った。

川原さんはずいぶん楽になったみたい。車の窓から見えるバザールをスケッチしたり、フルカッツさんに、日本の音楽を聞かせていたりしたのだそう。

4時15分にサマルカンド駅へ。

フルカッツさんは、私たちのスーツケースを車から下し、駅まで運んでくれた。

ここでお別れなので、奥さんへのお土産に、成田空港で買った匂い袋をプレゼントした。刺繍の巾着袋は娘さんに。

別れ際、笑顔で握手して、ハグ（私から抱きついた）。次にハグをした川原さんが、フルカッツさんの背中越しで泣いている。

「ドーント　クライ　グッバーイ」と言って手を振り、フルカッツさんは爽やかに、大股で向こうへ歩いていった。

3人で記念写真を撮っていたとき、腕をまわしたら、フルカッツさんの赤いポロシャツの背中が汗でぐっしょり濡れていた。きっと川原さんのために、車の中ではずっとクーラーをつけずにいてくれたんだ。

5時発のアフロシャブ号に乗り、タシケントへ。

新しい列車。座席まわりは驚くほど広く、リクライニング式。フランスで乗った列車みたい。2時間半でタシケントに着くのだそう。

走り出すとすぐ、自分がここにいないような感じがした。

川「なんか、この電車だと、景色が違って見えるね」

私「うん。前の電車は埃っぽかったし、車の中でも、自分がずっと汗まみれで汚れていたから、景色のすぐ近くにいる感じがしてた」

川「ガタガタ道を走って、すごく揺れてたしね」

　窓の景色がゆき過ぎるのが速すぎて、目がまわる。新幹線みたいに速い列車なのだ。私たちのまわりは韓国人の観光客だらけで、韓国語が飛び交っている。あとはほとんどがドイツ人観光客。山が見えてくると、ホッとして、すぐに思い出す。ダルバン村のことを。

英語の発音がきれいな、身なりも顔もスマートな青年が、車内販売にまわってきた。

　ブハラに向かうときには、どこまで走っても砂漠が続いていて、ひと晩寝て起きても、まだ砂漠だった。あのときと同じような線路の上を走っているはずなのに、砂漠を見ても、羊の群れを見ても、泥の家を見ても何とも感じない。世界は、自分が荒々しいところにいた方が美しく見えるんだろうか。

　川原さんが言ったことを、忘れたくないのでここに書いておく。

　川原さんは今日、いまひとつ具合がよくなくて、車の中で休んでいる時間が多かった。そういうときフルカッツさんは、日影に車を停めて、窓の開け具合も、ちょうどよく風が入ってくるようにしてくれた。そういうことをさりげなくやってくれた。博物館の門から川原さんがひとりで出ていったときにも、車はずっと遠くにいたのに、すぐに気がついて、近くに寄せてくれた。車の往来が激しい道路を、一緒に渡ってくれた。フルカッツさんは距離の取り方がとてもうまい。そういう気遣いを、相手に感じさせないように、重くならないくらいに、プイッと急にいなくなったり、サーッといなくなったり、知らないふりをしてくれる。川原さんは自分の体が弱っていて、心も敏感になっていたから、そういうことがとてもよく分かったのだそう。

そうか、だから駅で別れるときに泣いていたんだな。川原さんが泣いたのはこれまではじめてだった。私は何度も泣いたけど、川原さんはダルバン村でおばあさんと別れるときにも泣かなかった。

7時半にタシケント着。

川「サマルカンドは原宿駅、タシケントは東京駅っていう感じがするね」

私「ほんとだー」

駅から出たら、青空に白い三日月が出ていた。運転手の兄ちゃん（前と同じ青年）に指差しながら、「ムーン……」と言ってみるが、それがどうした、という顔をしている。

駅前の広場には噴水があった。空いている席がないくらい、大勢が腰かけて見ている。

サリマさんからいろいろ話を聞いているうちに、百合子さんたちが泊まった「タシケントホテル」は、「タシケント・パレス」かもしれないということが分かってきた。『犬が星見た』帖」にはこう書いてある。

虹色に明滅する電気仕掛に囲まれて高く揚っている広場中央の大噴水は、こういう仕掛ものは東京にうんざりするほどあるからちょっと見ただけで、もういい。地元の人たちは大噴水を囲んで、ぎっしり腰かけ、噴水にみとれながらアイスクリームを食べている。

「タシケント・パレス」の真向かいにも広場があり、古くて大きな噴水があるという。それで、「タシケント・パレス」の道をまわってから、ホテルへ行ってくれないかと兄ちゃんに頼んでみた。「明日だったらオーケーだけど、今日は行けない」と、つれない返事。

「では、明日の朝、8時に迎えに来てくれませんか？」と頼んでみたのだけど、「僕の仕事時間は、9時から6時までと決まっています」とそっけない。

この若者は都会育ちの兄ちゃんという感じ。タシケントでは、こういうビジネスライクなのが当たり前なのかもしれない。本人は悪気がないのだから仕方ないけれど、フルカッツさんがあまりに男前だったから、つい比べてしまう。なんだかいきなり都会に戻ってきてしまったような。もしかすると、私たちが明日の飛行機で東京に帰るせいで、そんな気分になるんだろうか。

ホテルにチェックイン。

明日はいよいよウズベキスタン最後の日なので、サリマさんに部屋に入ってもらって、3人で予定を立てた。

まず、飛行機の出発が夜の10時20分。そこから逆算すると、7時半には空港にいたい。行きたいところは、「タシケント・パレス」と「ウズベキスタン歴史博物館」、あとは「アライ・

バザール」でお土産も買いたい。

空港に行くぎりぎりまで休憩していたいから、シャワーが浴びられて、ひと眠りできるような安ホテルがあるといいな。サリマさんに相談すると、あちこち電話をかけ、泊まらずに時間を過ごせるホテルをみつけてくれた。

それで明日の朝、まず、その安ホテルに予約を入れにいくことになった。ここは、観光客用ではなく、現地の人が利用するロシア風のホテルだそう。

今は、夜の11時20分。

瞼《まぶた》がくっつきそうなのでもう寝るけれど、不思議なことがあるので書いておく。

日本からタシケントに着いた夜、私たちはこのホテルの1301号室に泊まった。そしてこの部屋は1310号室のはずなのに、ベッドの配置も、窓から見える公園の景色も、最初の部屋からの眺めと同じ。バスタブの栓もない。

おかしいなあ、まったく同じ部屋にいるみたいなんだけどな。

私は廊下に出て確かめてみた。すると、1301号室はいちばん端にあり、やっぱりここが最初に泊まった部屋なのだった。最初の夜に、ルームナンバーを見間違えていたのだ。

川「なんだか私たち、じつはここにずっといただけで、今までのことは全部うそか、夢だったみたいな感じがする」

私「うん、ほんと。私はまた、振り出しに戻って、明日からまったく同じことをやり直してもいいよ。飛行機に乗って、ヒヴァへ行って。そしたらサブちゃんやキララたちにも会えるね。ブハラでお腹を壊して寝込むのも、またやってもいい。ああ、でも、ここからまっすぐダルバン村に行って、2週間分を、ぜんぶあそこで過ごしてもいいいな」

私は布団をかぶり、目をつぶった。公園の柱時計が、ゆっくりと12回鳴ったところまでは覚えていたのだけれど、いつの間にか眠っていた。

ウズベキスタン旅程　２０１３年６月（表示は現地時間）

3日　日本出発。成田空港から韓国インチョン空港乗り継ぎ、タシケント空港へ。（空路）１泊。

4日　朝、タシケント空港から、ウルゲンチ空港へ。（空路）車で城壁のある古都ヒヴァへ。10時半、到着。２泊。

6日　夕方、車でウルゲンチ駅へ。19時出発の夜行列車で１泊。

7日　朝、ブハラ駅着。ブハラはゼラフシャン河下流域にあるオアシス地帯の都市。リヤビ・ハウズなどを散策。２泊。

9日　10時半、車で３時間近く走って、アイダルクル湖の西に位置する灼熱の砂漠へ。１泊。

10日　８時半、車で出発。15時半、サマルカンド到着。１泊。

11日　９時半、車で出発。15時半、ウズベキスタン南部のダルバン村に到着。３泊。

13日　午前中、隣の街、ボイスンのバザールへ。

14日　９時、車で出発。16時過ぎ、サマルカンド到着。１泊。

15日　17時、サマルカンド駅から高速鉄道（アフロシャブ号）、タシケント駅到着。１泊。

16日　１日過ごして夜、タシケント空港。空路で帰国。

あとがき

ウズベキスタンを旅したのは今から3年ほど前のこと。今となってはもう懐かしい思い出なのですが、帰国するとすぐ、お腹を壊して10日ばかり寝込みました。あまりの暑さと乾燥で、私の体は干物のようになっていたんだと思います。

砂漠に囲まれた国だからでしょうか、ウズベキスタンの人たちは噴水のことを特別に大好きなようでした。本には書けなかったのですが、東京へ帰る日の夕方、タシケントの「アライ・バザール」へ買い物にいったときの景色も忘れられません。そこは体育館のように天井の高い建物で、スパイスやら、蜂蜜やら、果物やらを売っている店が寄せ集まった大きなバザールでした。私たちが買い物をしていると、雷が鳴って雨が降り出しました。夕立です。

私はたまたまそこにいたのですが、お客さんやお店の人たちもみな、天井近くまで壁が丸く切り取られた広々とした入り口に集まってきては立ち尽くし、雨を見ています。みんなニヤニヤしながら。指笛をふいてはやしたてる男、土砂降りの中へ駆け出していく少年、水たまりで戯れる小さな女の子。雨は勢いを増し、強く強く降ったり、弱まったり。そのうち薄日が差しはじめ、お天気雨になってもまだ、シャワーみたいに……それはまるで、サマルカンドの公園で見た大噴水のようでした。2週間の旅の間で私たちにとってもはじめての雨でした。

5年前の『ロシア日記』とともに、こうして3年前の記録を敬愛する葛西薫さんの装丁で本にしていただけること、感謝いたします。

3年の間にはいろいろなことがあり、今年の春、私は神戸に引っ越してきました。『ウズベキスタン日記』の校正は、お気に入りの喫茶店で向かいました。

読み進めながら、気づけばキララたちのところにひとっ飛び。自分が書いたものだというのも忘れ、涙がこぼれて困りました。ダルバン村の少年ふたりはどうしているだろう。子どもたちの成長は早いから、3年の間に背丈もぐっと伸び、声がわりもして、勉学に励んでいるかしら。

『犬が星見た』を読み返すたびに、百合子さんや泰淳さん、銭高老人に出会えるように、『ウズベキスタン日記』のページをめくれば、キララも、ファリドンも、シャフリゾンも、サブちゃんもいつでもそこにいることを――私も読者のひとりとして、とても嬉しく思います。

最後になりましたが、ロシアとウズベキスタンの道中いつも傍にいて、旅を盛り上げ、いきいきとした絵を描いてくださった川原真由美さん、ありがとうございました。

２０１６年６月　そぼ降る雨の日に

高山なおみ

高山なおみ
1958年静岡県生まれ。レストランのシェフを経て料理家に。文筆家としても活躍。著書に、『帰ってから、お腹がすいてもいいようにと思ったのだ。』、『日々ごはん』、『フランス日記』、『高山ふとんシネマ』、『押し入れの虫干し』、『明日もいち日、ぶじ日記』、『気ぬけごはん』、『高山なおみのはなべろ読書記』、『きえもの日記』など。近刊に『帰ってきた 日々ごはん②』、本書と同時発売の『ロシア日記』がある。『野菜だより』、『料理=高山なおみ』、『実用の料理 ごはん』ほか料理本も多数。絵本にも取り組んでおり、『どもるどだっく』、近刊『たべたあい』（いずれも絵・中野真典）を準備中。夫・スイセイ（発明家・工作家）との初めての共著『ココアどこ わたしはゴマだれ』が2016年秋に刊行予定。

初出
季刊誌『考える人』2013年秋号〜15年夏号、連載「『犬が星見た』をめぐる旅」。7章は書き下ろし。

ウズベキスタン日記《にっき》――空想料理《くうそうりょうり》の故郷《ふるさと》へ

著者
高山《たかやま》なおみ

発行
2016年7月30日

発行者 佐藤隆信
発行所 株式会社新潮社
〒162-8711 東京都新宿区矢来町71
電話 編集部 03-3266-5411
読者係 03-3266-5111
http://www.shinchosha.co.jp

印刷所
大日本印刷株式会社
製本所
大口製本印刷株式会社

乱丁・落丁本は、ご面倒ですが小社読者係宛お送り下さい。
送料小社負担にてお取替えいたします。
価格はカバーに表示してあります。

ISBN978-4-10-333134-6 C0095

『犬が星見た』をめぐる旅

ロシア日記

シベリア鉄道に乗って

高山なおみ

私はページをめくるように旅に出た。
シベリア鉄道の寝台、
サモワールのお茶、
バイカル湖畔の昼食。
あのとき、百合子さんに出会えたのだろうか……。
心ゆさぶられる夏の旅の記録。

絵・川原真由美